Katharina Crazius, Bernd Tenbergen

mit Beiträgen von
Lina Marie Birwe, Esther Boekee, Anne Lehrig, Sebastian Schlering

Pflanzenwelten
Menschen, Pflanzen, Geschichten

Herausgeber
Alfred Hendricks
LWL-Museum für Naturkunde
– Westfälisches Landesmuseum mit Planetarium –

Begleitbuch zur gleichnamigen Ausstellung

LWL-Museum für Naturkunde
– Westfälisches Landesmuseum mit Planetarium –
Landschaftsverband Westfalen-Lippe
Sentruper Str. 285
48161 Münster

ISBN 978–3–924590–93-2

Pflanzenwelten
Menschen, Pflanzen, Geschichten

Herausgegeben von Dr. Alfred Hendricks
LWL-Museum für Naturkunde
Gesamtgestaltung: Ernst Schleithoff
Satz und Druck: Griebsch & Rochol Druck GmbH & Co. KG,
Gabelsbergerstraße 1, 59069 Hamm
Lithographie: Thomas Wolf
Bindung: Buchbinderei Gehring, Bielefeld
Printed in Germany
1. Auflage, Mai 2007
© 2007 Landschaftsverband Westfalen-Lippe
LWL-Museum für Naturkunde
– Westfälisches Landesmuseum mit Planetarium –

Buchvorderseite:
Fotos: Crazius, Hicken, Tenbergen, Thomas & Bildarchiv LWL-MfN

Ein Baum!

Diese etwa 100 Jahre alte Buche sollten Sie sich etwa 20 m hoch und mit etwa 12 m Kronendurchmesser vorstellen. Mit mehr als 600 000 Blättern verzehnfacht sie ihre 120 qm Grundfläche auf etwa 1200 qm Blattfläche. Durch die Lufträume des Blattgewebes entsteht eine Gesamt-Oberfläche für den Gasaustausch von etwa 15 000 qm, also zwei Fußballfeldern! 9 400 l = 18 kg Kohlendioxid verarbeitet dieser Baum an einem Sonnentag. Bei einem Gehalt von 0,03 % Kohlendioxid in der Luft müssen etwa 36 000 cbm Luft durch diese Blätter strömen. Die in der Luft schwebenden Bakterien, Pilzsporen, Staub und andere schädliche Stoffe werden dabei größtenteils ausgefiltert. Gleichzeitig wird die Luft angefeuchtet, denn etwa 400 l Wasser verbraucht und verdunstet der Baum an dem selben Tag. Die 13 kg Sauerstoff, die dabei vom Baum durch die Fotosynthese als Abfallprodukt gebildet werden, decken den Bedarf von etwa 10 Menschen. Außerdem produziert der Baum an diesem Tag 12 kg Zucker, aus dem er alle seine organischen Stoffe aufbaut. Einen Teil speichert er als Stärke, aus einem anderen baut er sein neues Holz. Wenn nun der Baum gefällt wird, weil eine neue Straße gebaut wird, oder weil jemand sich beschwert hat, dass der Baum zu viel Schatten macht oder gerade dort ein Geräteschuppen aufgestellt werden soll, so müsste man etwa 2000 junge Bäume mit einem Kronenvolumen von jeweils 1 cbm pflanzen, wollte man ihn vollwertig ersetzen. Die Kosten dafür dürften etwa 150 000,- € betragen.

www.die-gruene-stadt.de

Inhaltsverzeichnis

Inhaltsverzeichnis 4

Vorwort und Dank 6

Pflanzenwelten –
Menschen, Pflanzen, Geschichten 8

Pflanzen – biologisch & ökologisch 10

Lebendiges –
Ordnung und System in der Welt der Lebewesen 12

Von der Ursuppe bis zur Kreidezeit … –
Vegetationsgeschichte 14

… von der Kreidezeit bis heute –
Vegetationsgeschichte 16

Als die Mammutbäume in Westfalen wuchsen –
Vegetationsgeschichte 18

Von Einheimischen … –
Indigene, Archäophyten & Neophyten 20

… und Neuankömmlingen –
Indigene, Archäophyten & Neophyten 22

Mehr als grüner Wald –
Lebensraum von Pflanzen – Wald 24

Alles nur Grünzeug? –
Lebensraum von Pflanzen – Grünland und Acker 26

Ins Innere geblickt – Die Pflanzenzelle im Detail 28

Spross, Wurzel & Blatt – Bauplan der Gefäßpflanzen 32

Blattwerk – Das Blatt und seine vielfältigen Funktionen 34

$6\ CO_2 + 12\ H_2O => C_6H_{12}O_6 + 6\ H_2O + 6\ O_2$ –
Das Blatt und die Fotosynthese 36

Das praktische Transportsystem – Leitbündel 38

Wenn der Baum dicker wird –
Querschnitt durch einen Baumstamm 40

Verankerung des Baumes –
Die Wurzel und ihr System 42

Verlockende Blätter – Aufbau der Blüte 44

Gänseblümchen, Löwenzahn & Co. –
Pflanzenfamilien 46

Von der Blüte zum Keimling –
Wie sich Pflanzen fortpflanzen 48

Wechsel der Generationen – Moose 50

Archiv und extremer Lebensraum –
Moore als Zeugen der Vegetationsgeschichte 52

Wenn in der Eiche gewickelt, gebohrt … –
Lebensraum Eiche 54

… gerollt und gehämmert wird. – Lebensraum Eiche 56

Buntes am Baumstamm – Flechten 58

In der Ruhe liegt die Kraft – Flechten 60

Das Multitalent – Pilze 62

Weltweite Vegetation – Zonobiom I – IX 64

Lebendige Denkmäler –
Tausendjährige Eichen und Gerichtslinden 68

Geschichten – historisches 70

Pflanzen und Geschichte(n) – Ein Blick zurück 72

Pflanzenzeichnungen und Heilkunde –
Alte Kräuterbücher 76

Pflanzenwissen vom Altertum bis in die Neuzeit –
Das Kräuterbuch des Pedanios Dioscurides 78

Schröders „Artzneyschatz" –
Pharmazie und Heilkunde im 17. und 18. Jahrhundert 80

Frauensache? –
Kräuterweiber, Heilerinnen und Weise Frauen 82

Der Blumenkönig – 300 Jahre Carl von Linné 86

Von Lemgo nach Japan –
Engelbert Kaempfer, ein Westfale auf Weltreise 88

Lehrer, Ärzte, Apotheker –
Floristische Erforschung Westfalens 90

Die Berleburger Xylothek –
Eine seltene Holzbibliothek aus dem 18. Jahrhundert 94

Topfpflanzen für Plantagen – Brotfruchtbäume und
die berühmteste Meuterei der Geschichte 96

Transportprobleme –
Pflanzenjäger auf Entdeckungsreisen 98

Kokosnuss und Sauerkraut – Vitamine und Ernährung 100

Der größte Same im Pflanzenreich –
Die Seychellennuss 102

Menschen – gesammelt, angebaut und kultiviert 104

Welthandelsprodukte – Kaffee, Kakao und Bananen 106

Der Tee, die Beutel und das Porzellan –
Anbau, Transport und Nutzung der Teepflanze 110

Vom Wein zur Cola – Kolanüsse und Kokain 112

Buntes Gemüse –
Tomate, Kartoffel, Mais, Zwiebel und Karotte 114

Von Pfeffersäcken und Muskatnüssen –
Weltweiter Gewürzhandel 118

Gäste aus der ganzen Welt – Zimmerpflanzen 120

Handelswege der Blumen
– Von Kühlhäusern, Container und langen Flügen 122

Vom Flachs zur Triticale –
Pflanzennutzung in der westfälischen Landwirtschaft 126

„Aus glimmenden Stöcken Rauch trinken" –
Der Tabak, das Nikotin, die Steuer und die Moral 128

Königin der Blumen – Die Rose 130

Lorbeer, Palme und Zitrone –
Auszeichnungen mit Pflanzen 134

Die Macht der Düfte –
Ein Markt grenzenloser Impression 136

Gerüche aus dem Orient –
Weihrauch, Balsam, Safran und Myrrhe .138

Von Wollbäumen und Brennnesseln – Faserpflanzen 140

Vom Baum zum Stuhl – Möbelindustrie in Westfalen 142

Gummibaum und Co. –
Pflanzensäfte bewegen die Welt 144

Vorbild Pflanze – Bionik 146

Rekordverdächtiges – Pflanzen als Weltrekordler 148

Literaturverzeichnis 150

Bildnachweis & Leihgeber 152

Vorwort und Dank

Pflanzen haben eine ganz besondere Bedeutung für uns Menschen. Wir verwenden sie zum Beispiel als Nahrung, Werkstoff, Heilmittel, Energielieferant oder Schmuck. Alltäglich sind wir von Pflanzen abhängig.

Die Sonderausstellung „*Pflanzenwelten – Menschen, Pflanzen, Geschichten*" kann uns helfen, Pflanzen und ihre Bedeutung für unser tägliches Leben besser zu verstehen. Die vielfältigen ökologischen Wechselbeziehungen zwischen Menschen, Tieren und Pflanzen stehen dabei nicht allein im Mittelpunkt der Betrachtung. Auch finden neben diesen biologischen Themen kulturgeschichtliche und regionale Aspekte eine besondere Beachtung. Die Ausstellung ermöglicht Einblicke in ganz unterschiedliche Pflanzenwelten. So lässt sich nicht nur Wissenswertes über die Welt der Heilpflanzen und wichtigen Kulturpflanzen erfahren, sondern auch Exkurse in die Stammesgeschichte der Pflanzen sowie ein Blick in die Innenwelt einer Pflanzenzelle ergänzen dabei ebenso die Ausstellung, wie die Beschäftigung mit tierischen Pflanzenfressern und aktuellen Entwicklungen in der Land- und Forstwirtschaft. Reich versehen war die von Mythen und Anekdoten geprägte Gedankenwelt unserer Vorfahren. Einblicke in die Symbolik und Mythologie der Pflanzen sollen daher das Gesamtbild abrunden.

Die Sonderausstellung „*Pflanzenwelten – Menschen, Pflanzen, Geschichten*" beginnt im Jahr 2007, dem 300. Geburtsjahr des wohl bekanntesten Botanikers und Taxonomen Carl von Linné (1707–1778). Sein Wirken und das seiner vielen Schüler hat auch Spuren bei uns in Westfalen hinterlassen. Einigen dieser Spuren, die im Herbarium, der botanischen Sammlung des LWL-Museum für Naturkunde erhalten geblieben sind, wird in der Ausstellung und in diesem Begleitbuch weiter nachgegangen.

Ziel der Ausstellung ist es, einige der zahlreichen Aspekte über Pflanzen anschaulich vorzustellen und Einblicke zu ermöglichen. Auf eine vollständige Darstellung wurde verzichtet.

Mein Dank gilt den Autorinnen und Autoren dieses Begleitbuches. Besonders danke ich Katharina Crazius und Dr. Bernd Tenbergen, die die Sonderausstellung inhaltlich vorbereitet haben und für die meisten Kapitel dieses Begleitbuches verantwortlich sind.

Ich danke auch allen Leihgebern, ohne die diese Sonderausstellung nicht möglich gewesen wäre. Allen, die darüber hinausgehend an der Vorbereitung der Sonderausstellung und des Begleitbuches beteiligt waren, danke ich herzlich.

Der Sonderausstellung wünsche ich viele Besucherinnen und Besucher und diesem Begleitbuch eine interessierte Leserschaft.

Dr. Alfred Hendricks
Museumsdirektor

Obst- und Gemüsestand auf einem Wochenmarkt im Münsterland

Pflanzenwelten
Menschen, Pflanzen, Geschichten

Pflanzen begegnen uns überall. Bei näherem Hinsehen tun sich um uns herum erstaunliche kleine und große Welten auf. Ob es die Welt der Garten- und Parkpflanzen ist oder das Grün auf der Wiese oder im Wald. Nicht nur auf der Fensterbank oder im Gemüsebeet zeigt sich die bunte und pralle Vielfalt der Pflanzen, sondern auch in jeder Pflasterritze. Pflanzen sind begehrte Fotomotive und auf zahlreichen Gemälden berühmter Künstler verewigt. Auch auf Briefmarken und Porzellan machen sie eine gute Figur. Als Blumendekoration verschönern sie unser Leben bei besonderen Anlässen und im Alltag. Wir fühlen uns wohl, wenn wir von Pflanzen umgeben sind – oftmals ohne es überhaupt zu merken.

Die Ausstellung Pflanzenwelten und dieses begleitende Buch bieten die Möglichkeit, diese grünen Welten zu erleben und sie aus verschiedenen Blickwinkeln eingehend zu betrachten. Drei verschiedene Bereiche geben Einblicke in den Facettenreichtum und die Vielfalt botanischer Themen.

Am Anfang steht die Biologie der Pflanzen. Wie ernähren sich Pflanzen und wie pflanzen sie sich fort? Neben grundsätzlichen und genialen Lösungen gibt es im Pflanzenreich auch sehr spezielle und originelle Anpassungen. Warum ist ein Leben auf der Erde ohne Pflanzen nicht möglich? Die Schlüsselfunktion kommt dem Vorgang der Fotosynthese zu. Wie erzeugt die Pflanze mit Hilfe von Sonnenenergie Zucker und Sauerstoff? Was sind Chloroplasten und wie funktionieren diese Zellorganellen? Wie und wo erfolgt der Transport von Wasser und Zucker zwischen Wurzel und Blatt? Der bei der Fotosynthese hergestellte Zucker ist die Energiequelle für alles Tierische und das ganz nebenbei entstehende „Abfallprodukt" Sauerstoff gibt uns die Luft zum Atmen.

Anschließend dreht sich alles um das Thema: Pflanzen schreiben Geschichte(n). Unsere grünen Mitbewohner eignen sich als spannender Lesestoff über die botanische Erforschung unseres Planeten und der Region Westfalen-Lippe. Weltweit entdeckten Botaniker bis heute etwa 400.000 Pflanzenarten. Alle tragen einen Namen nach dem von Linné entwickelten System der binären Nomenklatur mit Gattungs- und Artnamen. Westfälische Forscher waren an mühevollen und gefährlichen Expeditionen beteiligt und haben auch im Herbarium des LWL-Museums für Naturkunde ihre botanischen Spuren hinterlassen.

Im dritten Abschnitt geht es um die Frage: Was machen wir Menschen aus Pflanzen? Wir verfügen über ein breites Spektrum an Nutzpflanzen, wie etwa Getreide, Obst, Gemüse und Ölpflanzen. Zunehmend wichtig für unsere Gesundheit ist jedoch nicht nur gesundes Essen an dem Pflanzen immer den größten Anteil haben sollten, sondern auch die bislang nur zum Teil erforschten, medizinisch wirksamen Inhaltsstoffe der Pflanzen. Darüber hinaus dienen uns Pflanzen in Form von Holz, Fasern und Gummi als Werkstoff. Ganze Wirtschaftszweige wie Land- und Forstwirtschaft sowie Möbel- und Bekleidungsindustrie sind von Pflanzen abhängig. Nicht zuletzt benötigen wir in Zeiten knapp werdender Ressourcen nachwachsende Rohstoffe. Pflanzen spielen in allen Lebensbereichen des Menschen eine Hauptrolle und sei es nur „durch die Blume gesagt" …

Grünfutter- und Sauerstoffproduzent – das Wiesen-Lieschgras (Blütenstand)

Pflanzenwelten

Menschen

Pflanzen

Geschichten

von Katharina Crazius

biologisch & ökologisch

Im ersten Kapitel wird die Pflanze
aus biologischer Sicht unter die Lupe genommen.
Was ist eine Pflanze, wie sieht ihr Bauplan aus und
was hat sie mit der chemischen Formel
$6\ CO_2 + 12\ H_2O => C_6H_{12}O_6 + 6\ H_2O + 6\ O_2$ zu tun?

Antworten gibt zunächst ein Blick
in die mikroskopisch kleine Welt der Pflanzenzelle.
Sie ist der Hauptbaustein der Pflanzen
und gleichzeitig Ort der Fotosynthese.
Erläutert wird auch, wie das Transportsystem
von Wasser und Zucker zwischen Wurzel und Blatt
funktioniert.

Mammutbaum und Riesen-Bärenklau in Westfalen?
Pflanzliche Bewohner Westfalens aus
vergangenen und heutigen Zeiten werden vorgestellt.
Ein Beispiel für ein lebendiges Denkmal und
für den vielfältigen Lebensraum zahlreicher Tiere
liefert die Eiche.

Lebendiges
Ordnung und System in der Welt der Lebewesen

Das Leben auf der Erde ist entscheidend abhängig von der Fähigkeit der Pflanzen, das Sonnenlicht als Energiequelle zu nutzen. Zumeist sind Pflanzen unabhängig von anderen Organismen, weil sie mit Hilfe der Sonne aus Kohlendioxid und Wasser Zucker aufbauen; sie versorgen sich selbst. Bei diesem Prozess, der Fotosynthese, entsteht als Nebenprodukt Sauerstoff, ohne den die Lebewesen dieser Erde nicht existieren könnten.

Versuchen wir zunächst, die Lebewesen der Erde systematisch zu ordnen. Sie werden in die beiden großen Gruppen der Prokaryoten und Eukaryoten unterschieden. Die Prokaryoten sind Organismen, die über keinen „echten" Zellkern verfügen. Die Eukaryoten wiederum besitzen neben einem echten Zellkern membranumgebene Organellen.

Die Prokaryoten werden in zwei Domänen unterteilt – Archaea und Bacteria (Bakterien). Die Eukaryoten stellen eine dritte Domäne dar. Sie gliedert sich wiederum in das Reich der grünen Landpflanzen (Plantae), der niederen Organismen (Protista), der Tiere (Animalia) und in das Reich der Pilze (Fungi). Früher wurden die Pilze zu den Pflanzen gezählt. Da Pilze allerdings keine Fotosynthese betreiben, wurde diese Zuordnung in Frage gestellt.

Wer betreibt nun Fotosynthese? Es gibt sowohl bei den Prokaryoten als auch bei den Eukaryoten Gruppen von Organismen, die dazu fähig sind. Neben Algen, die zu den niederen Organismen zählen und grünen Pflanzen, wie Moose, Blüten- und Farnpflanzen, gibt es auch unter den Bakterien einige Arten, die ebenfalls photoautotroph sind; sie betreiben also auch Fotosynthese.

Flechten gehören zu den eukaryotischen Lebewesen, nehmen allerdings eine Sonderstellung ein. Sie sind das Ergebnis einer innigen Symbiose (= Zusammenleben zweier Organismen, die gegenseitigen Nutzen daraus ziehen) zwischen bestimmten Pilzen und Algen. Obwohl Flechten zur Fotosynthese fähig sind, werden sie dem Reich der Pilze zugerechnet.

Betrachten wir nun die grünen Landpflanzen etwas genauer. Sie verfügen über die drei Grundorgane Sprossachse, Blatt und Wurzel. Sie betreiben Fotosynthese und ihre Wurzeln ermöglichen nicht nur die Befestigung im Boden, sondern auch die Aufnahme von Wasser und Mineralien. Zu den grünen Landpflanzen gehören die Gefäßpflanzen und die Moose. Die Gefäßpflanzen wiederum lassen sich in Samenpflanzen (Blütenpflanzen) und in samenlose Gefäßpflanzen (Gefäßkryptogamen) untergliedern.

Die samenlosen Gefäßpflanzen unterteilen sich in Bärlappgewächse und Farnpflanzen. Zu den Farnpflanzen gehören die Farne und die Schachtelhalme. Bei den Samenpflanzen werden Nacktsamer (Gymnospermae) und Bedecktsamer (Angiospermae) unterschieden.

Fotosynthese betreiben also nicht nur die eigentlichen Pflanzen, wie Moose, Bärlappe, Farne, Schachtelhalme und Blütenpflanzen, sondern auch Algen, Flechten und bestimmte Bakterien, wie z. B. Cyanobakterien.

Gliederung der Organismen (verändert nach Raven et al. 2006)

Lebendiges - Ordnung und System

Prokaryoten Lebewesen ohne Zellkern   **Eukaryoten** Lebewesen mit Zellkern und -membran

- Archäen
- Bakterien
  - Fotosynthese betreibende Bakterien
  - Weitere Bakterien
- Tiere
- Grüne Landpflanzen
  - Moose
  - Gefäßpflanzen = Sprosspflanzen
    - Samenlose Gefäßpflanzen
      - Farnpflanzen
        - Farne
        - Schachtelhalmgewächse
      - Bärlappgewächse
    - Samenpflanzen = Blütenpflanzen
      - Nacktsamer
      - Bedecktsamer
        - Einkeimblättrige
        - Zweikeimblättrige
- Protisten = Niedere Organismen
  - Heterotrophe Protisten
  - Algen
- Echte Pilze
  - Flechten

Von der Ursuppe bis zur Kreidezeit ...
Vegetationsgeschichte

Die Geschichte der Pflanzen im weitesten Sinn begann vor mehr als drei Milliarden Jahren, als es den ersten Zellen gelang, Fotosynthese zu betreiben. Diese Zellen existierten zunächst nur im Wasser, nahe der Oberfläche. Im Lauf der Evolution bildeten sich daraus einfach gestaltete Organismen und später vielfältige Lebewesen.

Der Evolutionsdruck (u. a. bedingt durch den Mangel an Mineralstoffen im Wasser) sorgte dafür, dass die photoautotrophen Lebewesen das Land eroberten. Ihr Bedürfnis nach Licht, Sauerstoff und Kohlendioxid wurde dabei ausreichend befriedigt. Auch Mineralstoffe waren zumeist genügend im Boden vorhanden. Zum Problem wurde das Wasser. Aber auch hier ließ sich die Natur etwas einfallen und so gelang es den ersten Gefäßpflanzen mit Verdunstungsschutz und Wasserleitsystem vermutlich vor mehr als 410 Millionen Jahren, im Erdzeitalter Silur, das Festland zu erobern. Der Verdunstungsschutz und das Wasserleitsystem wurden immer weiter verfeinert, so dass das Leben auf dem Festland dauerhaft möglich wurde. Im darauffolgenden Erdzeitalter Devon (417–358 Millionen Jahre) wuchsen Pflanzen zu ersten baumartigen Gewächsen heran, wie etwa der Archaeopteris, der Vorfahre der nacktsamigen Pflanzen.

Das tropische Klima des Karbon-Zeitalters (358–296 Millionen Jahre) begünstigte in Westfalen die Entwicklung der ersten großen Wälder. In diesen artenreichen Sumpfwäldern wuchsen neben verschiedenen Farnen bis zu 30 m hohe Schachtelhalme *(Calamites)* und Bärlappe wie Schuppenbaum *(Lepidodendron)* und Siegelbaum *(Sigillaria)*. Mehrfach wurden diese Wälder überschwemmt; Sediment lagerte sich über dem Pflanzenmaterial ab. Unter Luftabschluss bildete sich aus dem toten Pflanzenmaterial Torf. Dieser Torf wurde durch den Druck der darüber liegenden Sedimentschichten zu Steinkohle.

Im Lauf von vielen Millionen Jahren wandelte sich auch in Westfalen das Klima grundlegend. Im Perm (296–251 Millionen Jahre) herrschten wüstenhafte Bedingungen und es wurde für die bisher dominanten, feuchtigkeitsliebenden „Karbonpflanzen" schwierig zu überleben. Es entwickelten sich kleinere Arten und eine Vielzahl der bisherigen Arten starb aus. Anderen wiederum glückte die Anpassung an das trockene Klima. Zu diesen Pflanzen gehörten die Nacktsamer (Gymnospermen), deren Samen nicht in Früchte gehüllt sind, sondern frei auf den Samenblättern liegen.

Verschiedene Nadelbäume und auch der Ginkgo gehören zu den Nacktsamern. Sie breiteten sich im Perm stark aus und dominierten auch im folgenden Erdzeitalter Trias (251–200 Millionen Jahre). In der Trias wuchsen neben den Nacktsamern auch verschiedene Farne und Palmfarne.

Im Jura (200–142 Millionen Jahre) wurden hin und wieder weite Teile Westfalens vom Meer bedeckt. Auf dem verbleibenden Festland bestimmte mildes Klima die Entwicklung der Pflanzen. Nacktsamer dominierten anhaltend die Pflanzenwelt. Araukarien und Mammutbäume breiteten sich zunehmend aus.

In der Kreidezeit (142–65 Millionen Jahre) traten neben den bisherigen Pflanzen erstmals Bedecktsamer (Angiospermen) auf.

Chronologie der Gefäßpflanzen

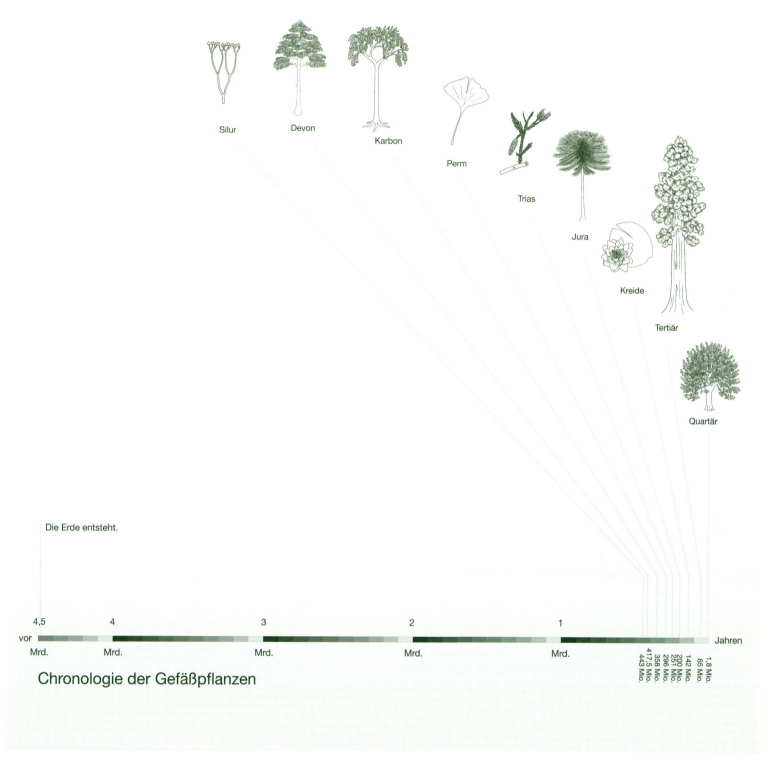

... von der Kreidezeit bis heute
Vegetationsgeschichte

Die Bedecktsamer unterscheiden sich von den Nacktsamern dadurch, dass ihre Samen von Früchten umschlossen sind. Zu den ersten Bedecktsamern zählen die noch recht ursprünglichen Seerosen- und Magnoliengewächse. Im weiteren Verlauf breiteten sich die Bedecktsamer nahezu explosionsartig aus. Unterstützung bekamen sie durch die Tiere, die die Pflanzen bestäubten. Viele moderne Pflanzenfamilien wie Weiden-, Rosen- und Liliengewächse entwickelten sich gegen Ende der Kreidezeit. Die windbestäubten Nacktsamer wurden auf den meisten Standorten von den Bedecktsamern verdrängt. Nur in den kälteren Gebieten der Erde, wie beispielsweise in der Taiga, konnten sie sich großflächig halten.

Feuchtes und warmes Klima prägte das Tertiär (65–1,8 Millionen Jahre) und bot optimale Weiterentwicklungsbedingungen für die Bedecktsamer (Angiospermen). Amberbaum, Sumpfzypresse, Mammutbaum, Tulpenbaum und Hemlocktanne wuchsen neben den auch heute noch in Westfalen natürlich vorkommenden Laubgehölzen. Hin und wieder überschwemmte das Meer Westfalen und damit auch die Pflanzen. Unter Luftabschluss entwickelte sich aus den abgestorbenen Pflanzen zunächst Torf. Darüber lagerten sich Sedimente ab; der Druck auf den Torf erhöhte sich und es entwickelte sich Braunkohle. Gegen Ende des Tertiärs zog sich das Meer vollständig zurück.

Es wurde zunehmend kälter und der nächste Zeitabschnitt, das Pleistozän (1,8 Millionen – 10.000 Jahre v. Chr.), begann. Das Eiszeitalter (Pleistozän) wurde immer wieder von Warmzeiten unterbrochen. Während in den ersten Kälteperioden die Gletscher bis nach Westfalen vordrangen, breiteten sich bei steigenden Temperaturen zunächst Zwergsträucher, Gräser und Kräuter aus, die auch im kälteren Klima gut zurechtkamen. Mit weiterem Temperaturanstieg nahm die Größe der Pflanzen zu, und es entstanden wieder Wälder. In jeder Warmzeit ging aber die Artenvielfalt zurück. Amberbaum, Esskastanie, Magnolie, Strahlengriffel und Mammutbaum gehörten zu den ersten Baumarten, die den Weg aus den eiszeitlichen Rückzugsgebieten (Refugien) nicht zurückfanden und in Mitteleuropa ausstarben.

Wir leben heute im Holozän, das vor 10.000 Jahren nach der letzten Kaltzeit, der Weichsel-Eiszeit, begann. Nach Rückzug des Eises und mit steigenden Temperaturen breiteten sich zunächst Kiefern und Birken in Mitteleuropa aus. Durch die unterschiedlichen Verbreitungsmechanismen variieren auch die Ausbreitungsgeschwindigkeiten der Pflanzen, so dass die Pflanzen zu verschiedenen Zeiten aus ihren Rückzugsräumen im Süden und Südosten Europas wieder bei uns eintrafen.

Eichenmischwälder bildeten die häufigste Waldgesellschaft im wärmer und feuchter werdenden Klima. Aber auch diese Wälder veränderten sich im Lauf der Zeit. Kühlere Temperaturen und erste Waldrodungen durch den Menschen sorgten abermals für Veränderungen. Die Rotbuche, ein Nachzügler aus dem Mittelmeerraum, verdrängte die bisher vorherrschende Stieleiche. Ihr Konkurrenzvorteil liegt vor allem darin, dass sie im schattigen Wald heranwachsen kann und mit kühleren Temperaturen besser zurechtkommt. Die Rotbuche dominiert die einzigartigen, sommergrünen Wälder Mitteleuropas.

Kiefern-Birkenwald in Westfalen

Als die Mammutbäume in Westfalen wuchsen
Vegetationsgeschichte

Neben versteinerten Pflanzen helfen sogenannte „lebende Fossilien" bei der Rekonstruktion der Vegetationsgeschichte. Lebende Fossilien veränderten sich im Lauf der Jahrmillionen kaum. Heute kommen sie nur noch in wenigen Gebieten der Erde in geringer Individuen- und Artenzahl vor, weil diese Pflanzen mit altertümlichen Merkmalen durch weiterentwickelte Arten verdrängt wurden und immer noch werden. Zahlreiche Pflanzenarten und auch Gattungen sind dabei ganz verschwunden.

Der Ginkgo (*Ginkgo biloba*) ist ein typisches Beispiel für ein lebendes Fossil. Im Erdmittelalter zählte der Nacktsamer noch zu den Haupt-Waldbäumen und auch in den Braunkohlewäldern des Tertiärs war er weit verbreitet. Heute gibt es letzte natürliche Vorkommen nur noch in Südost-China.

Zahlreiche Baumarten waren vor Millionen von Jahren in Mitteleuropa weit verbreitet. Heute besiedeln sie nur noch kleine Refugien. Zu ihnen gehört auch die bizarr aussehende Andentanne (*Araucaria araucana*). In der Zeit, als die Dinosaurier ausstarben, verschwand auch die Araukarie vollständig von der Nordhalbkugel. Im Gegensatz zu den Dinosauriern, die am Ende der Kreidezeit auf der ganzen Erdkugel ausstarben, gibt es die Andentanne natürlich noch in den chilenischen und argentinischen Anden.

Neben dem Ginkgo und der Araukarie gilt auch der Urwelt-Mammutbaum (*Metasequoia glyptostroboides*) als lebendes Fossil. Lange Zeit waren nur seine fossilen Überreste bekannt, bis im Jahr 1941 Wissenschaftler lebende Exemplare in der chinesischen Provinz Sichuan entdeckten.

Das Klima spielte eine große Rolle in Bezug auf das Aussterben von Pflanzenarten oder das Schrumpfen natürlicher Verbreitungsgebiete. Die stark schwankenden Temperaturen der Kaltzeiten im Pleistozän führten dazu, dass ehemals weit verbreitete Bäume wie der Mammutbaum (*Sequoia* spec.) in Europa ausstarben. Diese Riesen unter den Bäumen wuchsen von der Jura- bis zur Tertiärzeit auf der gesamten Nordhalbkugel. Heute finden wir sie wildwachsend lediglich in Kalifornien.

Die natürlichen Vorkommen des Amberbaumes (*Liquidambar styraciflua*) und des Tulpenbaumes (*Liriodendron tulipifera*) beschränken sich seit den Kaltzeiten auf das atlantisch geprägte Nordamerika. Die bekanntesten Standorte der Sumpfzypresse (*Taxodium distichum*) liegen im nordamerikanischen Mississippi-Delta und in den Sumpfgebieten der Everglades.

Die Flügelnuss (*Pterocarya fraxinifolia*) ist heute nur noch in den Bergwäldern des Kaukasus anzutreffen und trägt daher den Namen „Kaukasische" Flügelnuss. Walnuss (*Juglans regia*), Rosskastanie (*Aesculus hippocastanum*) und Esskastanie (*Castanea sativa*) sind weitere bekannte Baumarten; sie zählten vor über 1,8 Millionen Jahren ebenfalls zu den einheimischen Bäumen. Begünstigt durch die heutigen klimatischen Verhältnisse, gedeihen diese bei uns angepflanzten Bäume hervorragend.

Versteinertes Ginkgoblatt aus dem Erdzeitalter Perm mit heutigem Ginkgoblatt

Von Einheimischen ...
Indigene, Archäophyten & Neophyten

Welche Arten waren schon immer in Westfalen bzw. Mitteleuropa zu Hause und wie kommt es, dass immer wieder neue Pflanzenarten bei uns auftauchen?

Machen wir zunächst einen großen Schritt zurück in die Vergangenheit. Vor ca. 200 Millionen Jahren zerbrach der Superkontinent Pangäa. Ozeane bildeten sich als die neu entstandenen Kontinente auseinander drifteten. Diese räumliche Trennung führte dazu, dass sich die Vegetation in den verschiedenen Regionen der Erde unabhängig voneinander entwickelt und sich größtenteils aus unterschiedlichen Arten zusammensetzt. Trotz ähnlicher klimatischer Verhältnisse gibt es auf der Südhalbkugel, etwa in Neuseeland, andere Pflanzenarten als auf der Nordhalbkugel, z. B. in Westfalen.

Das letzte einschneidende Ereignis, welches die mitteleuropäische Pflanzenwelt stark beeinflusste, waren die Kaltzeiten der letzten 1,8 Millionen Jahre. Die Artenvielfalt der Pflanzen, wie sie vor den Kaltzeiten, also im Erdzeitalter Tertiär, existierte, hat sich in Mitteleuropa nicht wieder entwickeln können.

Diese Tatsache ist auf die besondere Lage der europäischen Alpen zurückzuführen. Im Gegensatz zu den in Nord-Süd-Richtung verlaufenden Rocky Mountains und Anden in Nord- und Südamerika haben die Alpen eine Ost-West-Ausrichtung. Die Alpen stellten somit eine Barriere beim Rückzug der Pflanzen und Tiere aus dem Norden in wärmere, südliche Gebiete dar. Den Pflanzen war, sowohl mit Beginn der Kaltzeiten als auch zu Beginn der Warmzeiten, der Weg durch die Alpen versperrt. Darüber hinaus wanderten nicht nur die skandinavischen Gletscher in Richtung Süden, sondern auch die Alpengletscher in Richtung Norden. Auf diese Weise wurde der Lebensraum der Pflanzen und Tiere in Mitteleuropa von zwei Seiten her eingeengt. Zahlreiche Pflanzenarten starben in Mitteleuropa durch diese Einschränkung ihres Lebensraumes aus bzw. schafften es nicht, in den Warmzeiten aus ihren im Süden gelegenen Rückzugsgebieten wieder zurückzukehren.

Die pflanzliche Wiederbesiedlung des Naturraums Mitteleuropa nach der vorerst letzten Kaltzeit begann vor etwa 11.500 Jahren. Die Pflanzen, die sich ohne direkte oder indirekte menschliche Hilfe ausbreiteten, zählen zur einheimischen Flora. Sie sind sogenannte **Indigene**. Dazu zählen vor allem Waldpflanzen, die ohne Zutun des Menschen vermutlich Mitteleuropa bis auf wenige Ausnahmeflächen bedecken würden.

Der verstärkte Einfluss des Menschen führte zur Veränderung der Pflanzenwelt. Vor allem mit Beginn des Ackerbaus in der Jungsteinzeit wandelte sich auch das Landschaftsbild. Aus der Naturlandschaft entwickelte sich im Lauf der Zeit die Kulturlandschaft. Die angebauten Kulturpflanzen stammten oftmals aus Vorderasien und dem Mittelmeerraum. Mit dem eingeführten Getreidesaatgut breiteten sich indirekt auch Ackerwildkräuter aus diesen Regionen, wie beispielsweise Kornblume (*Centaurea cyanus*) und Echte Kamille (*Matricaria recutita*), bei uns aus. Auch die Römer trugen vor allem durch ihren Gemüse- und Weinanbau dazu bei, dass sich neue Pflanzen bei uns ausbreiteten. Diese gebietsfremden Pflanzen werden als **Archäophyten** bezeichnet. Sie gehören heute in das uns vertraute Landschaftsbild und zählen ebenfalls zu den einheimischen Pflanzen.

Archäophyt: Klatschmohn

… und Neuankömmlingen
Indigene, Archäophyten und Neophyten

In unserer landwirtschaftlich geprägten Kulturlandschaft wandern nach wie vor immer wieder neue Pflanzenarten ein und werden Teil der einheimischen Pflanzenwelt. Diese Pflanzenneubürger, die seit der Entdeckung Amerikas, also nach dem Jahr 1492, aus allen Erdteilen bei uns einwanderten und immer noch einwandern, werden als **Neophyten** bezeichnet. Zunächst reisen sie per Schiff als Transportgut oder bisweilen auch als blinder Passagier. Mittlerweile nutzen Pflanzen durch den verstärkten Güterverkehr auch LKW, Bahn und Flugzeug.

Zahlreiche Pflanzen werden gezielt als Nutz- und Zierpflanzen durch den Menschen aus der ganzen Welt bei uns eingeführt. Auf diese Weise gelangte beispielsweise die südamerikanische Tomate (*Lycopersicon esculentum*) zu uns. Sie gehört zu den „unbeständigen" Neophyten und kann in der Regel nur mit Hilfe des Menschen im Garten überleben.

Die meisten Neubürger wurden ursprünglich in botanischen Gärten angepflanzt. Manche Arten nutzten aber auch Hausgärten als Sprungbrett und erweiterten ihren Lebensraum jenseits vom Gartenzaun von allein. Wenn sie sich außerhalb des Gartens ohne menschliches Zutun über mehrere Generationen halten können, gelten sie als „etabliert" und sind somit ein Teil der heimischen Flora. Die in Wäldern angepflanzte Roteiche (*Quercus rubra*) hat es unter anderem geschafft, sich in den forstlichen Anpflanzungen von allein zu verjüngen.

Auch blinden Passagieren, wie etwa dem australischen Kaktusmoos (*Campylopus introflexus*) und dem amerikanischen Schlickgras (*Spartina alterniflora*), gelang es, sich in Europa zu etablieren. Das amerikanische Schlickgras ist die Elternart vom heute weit verbreiteten Englischen-Schlickgras *(Spartina anglica).*

Zahlreiche Neuankömmlinge haben eine heiße Diskussion ausgelöst. So gibt es zwar Arten, die als harmlos anzusehen sind und sogar die einheimische (indigene) Pflanzenwelt bereichern, ein Großteil der Neophyten gilt aber als invasiv. Sie haben unerwünschte Auswirkungen auf die bisherige Artenzusammensetzung, weil sie zu einer starken Konkurrenz um Standort und Ressourcen werden. Pflanzen, wie etwa das aus dem Himalaya stammende Drüsige Springkraut (*Impatiens glandulifera*) und auch der Japan-Staudenknöterich (*Fallopia japonica*), breiten sich inzwischen außerhalb ihrer natürlichen Herkunftsgebiete rasant aus. Einheimische Pflanzenarten werden dadurch von ihren angestammten Standorten verdrängt. In diesem Zusammenhang wird auch von biologischer Invasion gesprochen. Über die ökologischen und ökonomischen Schäden hinaus können Neophyten dem Menschen unmittelbar gefährlich werden. So wurde beispielsweise der kaukasische Riesen-Bärenklau (*Heracleum mantegazzianum*) als Trachtpflanze für Honigbienen empfohlen und ausgesät. Gelangt sein Pflanzensaft auf die menschliche Haut, führt dieser in Kombination mit Sonnenlicht zu Entzündungen und Blasen, wie bei einer Verbrennung.

Die vom Menschen ausgelösten „Invasionen gelten weltweit als eine der wichtigsten Gefährdungsursachen der biologischen Vielfalt". Sie haben weitreichende ökologische und ökonomische Folgen und die Diskussionen über Vorbeugung und Bekämpfung sind längst nicht zu Ende geführt.

Neophyt: Riesen-Bärenklau

Mehr als grüner Wald
Ein Lebensraum von Pflanzen – Wald

Von Natur aus würden sich über ganz Mitteleuropa riesige sommergrüne Laubwälder, dominiert von Rotbuchen (*Fagus sylvatica*), erstrecken. Aber heute ist Westfalen-Lippe eine intensiv genutzte Kulturlandschaft und nur knapp ein Drittel ist von Wald bedeckt. Dieses Drittel setzt sich aus verschiedenen Waldgesellschaften zusammen, die sich durch eine bestimmte Artenzusammensetzung auszeichnen. Beispielsweise wachsen in lichten Kiefernwäldern Heidekraut und Pfeifengras; in den schattigen Buchenwäldern blühen hingegen Waldmeister und Lerchensporn. Eine Waldgesellschaft wird von unterschiedlichen abiotischen und biotischen Faktoren geprägt und auch verändert. Zum einen bestimmen die abiotischen Faktoren, wie Klima-, Licht- und Bodenverhältnisse sowie das Nährstoffangebot, die Artenzusammensetzung. Zum anderen wirken sich auch die biotischen Faktoren aus, wie etwa die Konkurrenz um Lebensraum und Nahrung zwischen den Lebewesen innerhalb der Waldgesellschaft.

Auch in Westfalen-Lippe sind aufgrund des Zusammenwirkens dieser Faktoren verschiedene Waldgesellschaften vorzufinden. In den Regionen Weserbergland, Sauerland und in der Westfälischen Bucht bilden sich unterschiedliche Schwerpunktvorkommen heraus. Neben verschiedenen Ausprägungen von Buchenwäldern, die in der gesamten Westfälischen Bucht anzutreffen sind, wachsen im Kernmünsterland vor allem Stieleichenwälder und auf Sandböden im Osten der Westfälischen Bucht Kiefernwälder und Eichen-Birkenwälder. Im Weserbergland ist auf basenreichen Böden Waldmeister-Buchenwald weit verbreitet und auf sauren Böden Hainsimsen-Buchenwald. Auch für das Sauerland ist auf sauren Böden Hainsimsen-Buchenwald typisch.

Greift nun der Mensch in das System Wald ein, verändert sich zumeist auch die Artenzusammensetzung. Er gestaltet den Forstwald durch Anpflanzung und Nutzung. Dieses Wirken wird vor allem im Sauerland deutlich. Erst im 19. Jahrhundert wandelte sich der Laubwald, der bislang von der hier natürlich wachsenden Rotbuche bestimmt wurde, zum Nadelwald. Die durch Übernutzung strapazierten Laubwälder wurden mit der schnellwachsenden und anspruchslosen Fichte (*Picea abies*) aufgeforstet. Fichtenwälder dominieren heute das waldreiche Sauerland. In Westfalen-Lippe nimmt dadurch die Fichte mit 39 % des Waldbodens den „Löwenanteil" ein. Die zweithäufigste Baumart ist die Rotbuche mit 18 %, gefolgt von der Eiche mit 13 % und der Kiefer mit 7 %. Die restliche Waldfläche nehmen unter anderem Birke, Esche, Ahorn, Lärche ein.

Der Wald hat in vielerlei Hinsicht eine herausragende Bedeutung für uns. Ein Wald ist nicht nur Holzvorrat und somit Rohstofflieferant für zahlreiche Wirtschaftszweige, sondern spielt auch unter Klimagesichtspunkten eine wichtige Rolle. Er liefert unermüdlich Sauerstoff und filtert mit seinem Blattwerk riesige Mengen Feinstaub aus der Luft. Des Weiteren sorgt der Wald im Sommer durch Verdunstung von großen Wassermengen für ein ausgeglichenes Waldklima und dient als CO_2-Speicher. Er hat Erholungsfunktion für uns Menschen und er ist Lebensraum für unzählige Pflanzen- und Tierarten. Eine besondere Verantwortung für den Buchenwald Mitteleuropas ergibt sich daraus, dass diese Wälder einzigartig auf der Welt sind.

Münsterländer Buchenwald

Alles nur Grünzeug?
Lebensraum von Pflanzen – Acker und Grünland

Seitdem die Gräser erstmals vor über 65 Millionen Jahren auftraten, verändern sie die Welt. Mit über 10.000 Arten sind sie, mit Ausnahme der Polargebiete, auf der gesamten Erde verbreitet. Ob in der Pflasterritze (z. B. Einjähriges Rispengras), auf dem reetgedeckten Dach (Schilf) oder als Baugerüst (Bambus) – überall begegnen sie uns. Die herausragenste Bedeutung hat das Gras allerdings als Nahrungspflanze. Denn nicht nur als Getreiderohstoff für Brot, Nudeln und Bier sind Gräser unverzichtbar, sondern im weitesten Sinn auch für das Steak in der Pfanne.

Das **Wirtschaftsgrünland** wird zur Gewinnung von Viehfutter in Form von Grünfutter, Silage und Heu vor allem für Wiederkäuer genutzt. Der Vorläufer des Grünlandes war die Waldweide. Das Vieh wurde zum Mästen in lichte, grasreiche Wälder getrieben, wobei insbesondere die Eichenwälder für satte Schweine sorgten. Mit der zunehmenden Nutzung der Landschaft legten die Menschen bewusst Grünland an und spätestens mit dem Einsatz von Düngemitteln, ob in Form von Gülle oder Kunstdünger, wurde das zunächst extensiv genutzte Grünland zur Fettweide bzw. Fettwiese. Dieses Grünland ist durch besonders nahrhafte Gräser und eiweißhaltige Kräuter, wie etwa Klee, gekennzeichnet. Nutzungsintensität, Schnittzeitpunkt und Feuchtegrad prägen unterschiedliche Grünlandpflanzengesellschaften. Allerdings ist die Artenvielfalt durch Überdüngung und Entwässerungsmaßnahmen erheblich gefährdet. Zudem wird immer mehr Grünland in Acker umgewandelt.

Neben Wald und Grünland gehört **Acker** ebenfalls zu den Ökosystemen, die die westfälisch-lippische Landschaft bestimmen. Das Getreide, welches heute auf unseren Äckern wächst, stammt vor allem von wildwachsenden Gräsern aus Kleinasien ab. Unsere Vorfahren kultivierten diese verschiedenen Getreidesorten, indem sie immer die besten Körner zur Wiederaussaat nutzten. In der Jungsteinzeit (vor über 6.000 Jahren) wurden in Westfalen zunächst auf kleinen Feldern Einkorn und Emmer angebaut. Diese Ackerparzellen wurden im Lauf der Zeit zu riesigen Ackerschlägen, die das heutige Landschaftsbild prägen. Westfalen-Lippe hat eine Fläche von über zwei Mio. Hektar, wovon etwa die Hälfte landwirtschaftlich genutzt wird. Neben dem Anbau von Ölsaat, Grünfutter und Hackfrucht werden fast 70 % der Ackerfläche für Getreide genutzt. Die Gräser Gerste, Weizen, Mais und Triticale (Kreuzung aus Weizen und Roggen) sind dabei die Klassiker.

Kennzeichnend für Ackerland ist die ständige Bearbeitung, Pflege und Ernte. Fortwährend wird die natürliche Entwicklung der Vegetation gestört. Trotzdem wachsen neben dem Getreide eine Reihe von speziell an den Lebensraum Acker angepasste Wildpflanzen. Eine ausgeprägte Kurzlebigkeit ermöglicht den meisten dieser Pflanzen das Leben auf dem Acker. Allerdings sorgen vor allem Unkrautvernichter dafür, dass Bilder von buntblühenden Äckern der Vergangenheit angehören. Nur bei genauerem Hinsehen entdeckt man einige Wildkräuter zwischen Getreide und Hackfrucht, wie Acker-Stiefmütterchen, Acker-Ehrenpreis, Klatschmohn und Kamille. Einige Landwirte legen bewusst sogenannte ungespritzte Ackerrandstreifen an. Hier entwickelt sich eine wahre Blütenpracht und ein vielfältiger Lebensraum für zahlreiche nützliche Tiere.

Typische Weide in Westfalen

Ins Innere geblickt
Die Pflanzenzelle im Detail

Zellen sind das entscheidende Bauelement aller Lebewesen. Etwa 20 Millionen mikroskopisch kleine Zellen stecken in einem Laubblatt mittlerer Größe. Im Innern der Zelle finden zahlreiche Zellkomponenten ihren Platz. Im Folgenden werden die wichtigsten Bestandteile mit ihrer charakteristischen Funktion kurz erläutert.

Eine mehr oder weniger starre **Zellwand** bildet die Hülle einer Pflanzenzelle. Der lebende Inhalt einer Pflanzenzelle, das Protoplasma, wird innerhalb der Zellwände von einer Zellmembran eingeschlossen. Dieses sogenannte **Plasmalemma** ist eine halbdurchlässige Biomembran, über die ein Stoffaustausch zwischen benachbarten Zellen möglich wird. Die Verbindung zwischen zwei Zellen stellen **Plasmodesmen** her; das sind feine Kanäle, die die Zellwand stellenweise durchziehen.

Das Protoplasma setzt sich aus dem mehr oder weniger flüssigen **Cytoplasma** und den membranumschlossenen Zellorganellen zusammen. Über das Cytoplasma werden Stoffe zwischen den einzelnen Zellbestandteilen ausgetauscht. Des Weiteren werden Nucleotide und Aminosäuren hergestellt (synthetisiert). Ein Beispiel für die enge Zusammenarbeit zwischen Cytoplasma und einem Zellorganell ist der Abbau von Kohlenhydraten (Glykolyse). Die Glykolyse beginnt im Cytoplasma und endet in den Mitochondrien. Dieser Vorgang spielt eine herausragende Rolle im Stoffwechsel einer Zelle.

Typisch für eine Pflanzenzelle ist die zentrale **Vakuole**. Sie kann mehr als 90 % des Zellvolumens einnehmen. In ihrem Zellsaft werden vorwiegend Stoffwechselprodukte, wie z. B. Zucker bei Zuckerrüben, gespeichert. Auch findet mit Hilfe der Vakuole die Entgiftung des Cytoplasmas statt. Giftige Stoffe werden dem stoffwechselaktiven Cytoplasma entzogen und ebenfalls in der Vakuole gespeichert. Eine weitere wichtige Rolle spielt die Vakuole beim osmotisch bedingten Spannungszustand der Zelle, d. h. beim Druck des Zellinhaltes auf die Zellwand. Transpiration und Wassermangel führen zur Herabsetzung des Zelldrucks und schließlich zum Erschlaffen und Welken von Pflanzenteilen.

Zu den Zellorganellen im Innern des Cytoplasmas gehört auch das **Mitochondrium**, das „Kraftwerk der Zelle"; es erfüllt die Aufgabe der Energieversorgung. Hierzu benötigt die Pflanze Sauerstoff. Einen kleinen Teil des bei der Fotosynthese produzierten Sauerstoffs wird für die eigene Zellatmung verwendet. Bei dieser Zellatmung wird Energie in Form von Adenosintriphosphat (ATP) gewonnen. ATP steht anschließend für weitere Vorgänge in der Zelle als Energie zur Verfügung. Haben die Zellen einen besonders hohen Energiebedarf, ist die Anzahl der Mitochondrien ebenfalls hoch.

Die nur in eukaryotischen Pflanzen vorkommenden Plastiden zählen ebenfalls zu den Zellorganellen. Die mit einer doppelten Membran umschlossenen Plastiden erfüllen verschiedene Funktionen und lassen sich in Chloroplasten, Chromoplasten und Leukoplasten unterteilen. Die **Chloroplasten** enthalten das Blattgrün Chlorophyll, welches eine entscheidende Rolle bei der für die Pflanzen charakteristischen Fotosynthese spielt.

Schematische Darstellung einer einfachen Pflanzenzelle

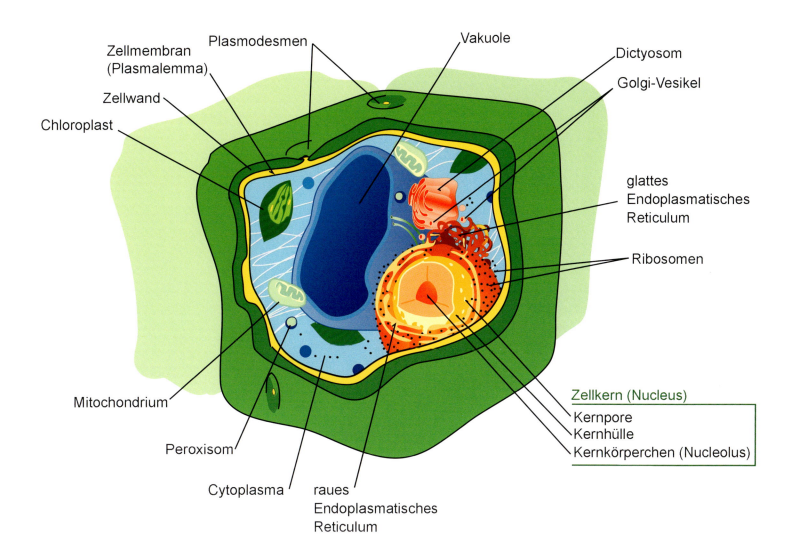

Ins Innere geblickt
Die Pflanzenzelle im Detail

Die in **Chromoplasten** enthaltenen Carotinoide färben Bestandteile der Pflanze gelb bis orange, wie etwa bei Paprika oder Tomate. Die Verfärbung beginnt damit, dass sich die Chloroplasten in den Zellen der Fruchtwände im Lauf der Reifung in Chromoplasten umwandeln. Die **Leukoplasten** sind mehr oder weniger farblos. Sie übernehmen die Speicherung von Ölen, Eiweißen und Kohlenhydraten in Form von Stärke. In Speicherorganen der Pflanze können Leukoplasten aus Zucker Stärke bilden und diese ablagern. Sie werden dann auch als Amyloplasten bezeichnet. Dieser Vorgang findet beispielsweise in Kartoffeln statt.

Das Cytoplasma enthält eine Vielzahl von **Mikrobodies**. Das sind kugelige Zellorganellen, die mit einer einfachen Biomembran umgeben sind. Je nach Aufgabe weisen Mikrobodies ein entsprechendes Enzym in hoher Konzentration auf. Bei den am häufigsten vorkommenden Peroxisomen ist es das Enzym Katalase. Dieses Enzym ist bei einem Stoffwechselvorgang notwendig, bei dem das Zellgift Wasserstoffperoxid in Wasser und Sauerstoff zerlegt wird. Peroxisomen kommen vor allem in fotosynthetisch aktiven Zellen vor.

Das **Dictyosom** gilt in der Zelle als „Sammel- und Verpackungszentrum". Es besteht aus aufgestapelten Hohlräumen, die von einer Membran umgeben sind. Die in diesen Hohlräumen aufbereiteten Sekrete werden in Bläschen (Golgi-Vesikel) verpackt und an das Cytoplasma abgegeben. Die Gesamtheit der Dictyosomen in einer Zelle wird Golgi-Apparat genannt.

Das **Endoplasmatische Reticulum** (ER) ist ein verzweigtes Membransystem, das im Cytoplasma eingebettet ist und oftmals in enger Verbindung zum Zellkern steht. Man unterscheidet glattes und raues ER. Das raue ER ist im Gegensatz zum glatten mit Ribosomen besetzt. Weitere Ribosomen befinden sich frei im Cytoplasma. Hier läuft ein Teil der Proteinbiosynthese ab. Das ER, der Golgi-Apparat (Dictyosomen) mit Vesikeln, das Plasmalemma und die Vakuolenmembran bilden ein Netzwerk, das Endomembransystem einer Zelle.

Der **Zellkern** (Nucleus) ist die Steuer- und Informationszentrale der Zelle. Er kontrolliert die Vorgänge innerhalb der Zelle und speichert die genetische Information, die bei der Zellteilung weitergegeben wird. Der Zellkern setzt sich aus der **Kernhülle**, dem Nucleolus, dem Nucleoplasma und dem Chromatin zusammen. Die Kernhülle ist eine Doppelmembran, die vom ER gebildet wird und mit diesem in Verbindung steht. Sie wird von **Kernporen** unterbrochen, die einen direkten Austausch zwischen Nucleoplasma und Cytoplasma ermöglichen.

Die Kernhülle umgibt das **Nucleoplasma**, in dem sich der Nucleolus (Kernkörperchen) und das Chromatin befinden. Der **Nucleolus** besteht vorwiegend aus Nukleinsäuren und ist Ort der Ribosom-Biogenese. Er ist nur bis zum Beginn der Teilungsphase im Innern des Zellkerns sichtbar. Das **Chromatin** besteht aus Desoxyribonukleinsäure (DNA) und daran gebundene Eiweiße. Die DNA enthält die Erbinformationen.

Lichtmikroskopaufnahme von einfachen Pflanzenzellen

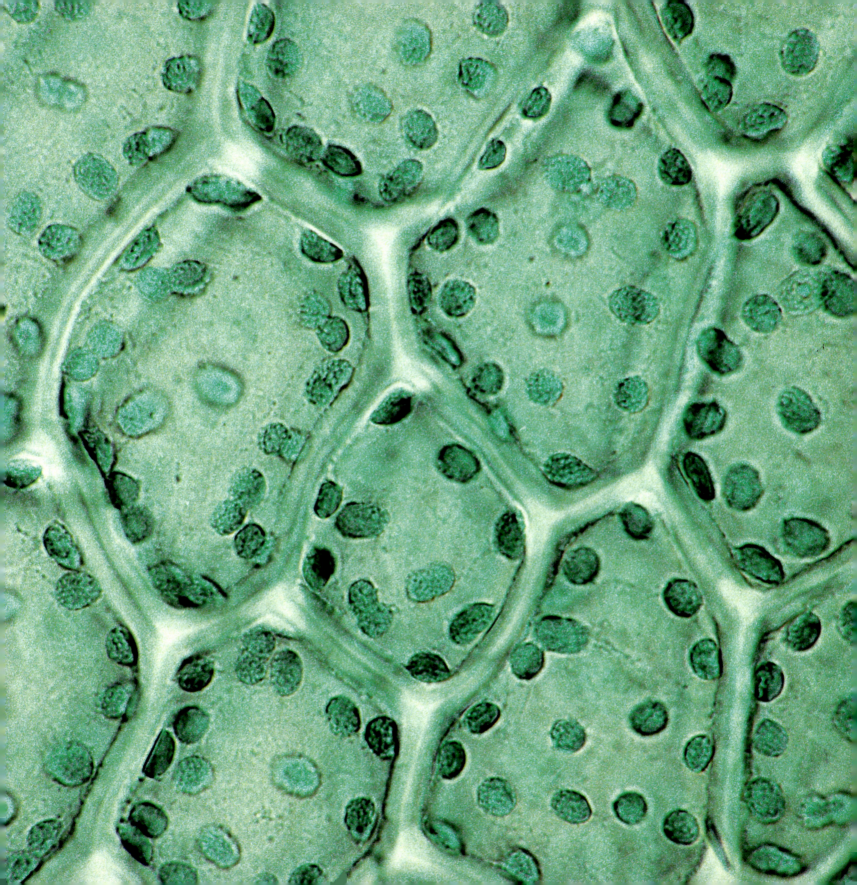

Spross, Wurzel & Blatt
Bauplan der Gefäßpflanzen

Vielfalt zeichnet Pflanzen aus. Ihr Erscheinungsbild zeigt sich höchst unterschiedlich. So können manche Bäume über 100 m hoch werden, andere krautige Pflanzen hingegen nur so groß wie eine Stecknadel. Auch die Blätter decken ein breites Spektrum von flauschig bis kratzig und nadel- bis handförmig ab. Lässt man die Blüten zunächst außer Acht, zeigt sich ein breites Farbspektrum von verschiedenen Grüntönen – von grellem Grasgrün bis zum dezenten Waldgrün.

Betrachten wir allein die Welt der Gefäßpflanzen (= Sprosspflanzen). Zu ihnen zählen die größten und formenreichsten Pflanzen, wie die Blütenpflanzen, aber auch Farne, Bärlappe und Schachtelhalme. Sie sehen zwar alle höchst unterschiedlich aus, haben aber eine auffällige Gemeinsamkeit. Ihr Pflanzenkörper gliedert sich, in der Regel gut sichtbar, in die drei Grundorgane: Wurzel, Spross und Blatt. Ein weiteres Kennzeichen, welches sich aber nur unter dem Mikroskop richtig erkennen lässt, ist die ausgeprägte Zelldifferenzierung. Blütenpflanzen können bis zu 70 verschiedene Gewebetypen aufbauen, die aus spezialisierten Zellen mit unterschiedlichen Funktionen bestehen.

Egal ob Gras, Sonnenblume, Farn oder Eiche, für alle Gefäßpflanzen gilt: Sie bestehen aus den drei Grundorganen Spross, Wurzel und Blatt. Die Blüte gilt nicht als eigenes Grundorgan. Sie ist Teil des Sprosses und das Erkennungsmerkmal von Blütenpflanzen. Bei Flechten, Moosen und Algen fehlt dagegen die Gliederung in die drei Grundorgane und auch die Zelldifferenzierung ist nicht so ausgeprägt. Ihr Pflanzenkörper wird daher als Thallus bezeichnet.

Betrachten wir nun den klassischen Aufbau einer Gefäßpflanze. Mit beginnender Keimung wächst zuerst die Keimwurzel heran, die sich im Lauf der Zeit zu einem Wurzelsystem entwickelt. Die Wurzeln verankern die Pflanze im Boden und nehmen Wasser mit den darin gelösten Mineralien über die Wurzelhaare, die an den feinen Wurzeln sitzen, auf.

Ein Leitbündelsystem, welches unter anderem aus den Leitgeweben Xylem und Phloem besteht, verbindet die Pflanze von der Wurzelspitze bis in die Sprossspitze und auch in die Blattspitze. Es sorgt für den Transport von Stoffen, die die Pflanze zum Leben benötigt. So wird das über die Wurzeln aufgenommene Wasser durch das Xylem in Richtung Spross befördert. In umgekehrter Richtung werden die Kohlenhydrate, die bei der Fotosynthese in den Blättern entstehen, über das Phloem in die Wurzel transportiert. Viele Pflanzen können in der Wurzel Kohlenhydrate für eine spätere Blüten- und Fruchtbildung speichern.

Die zumeist unterirdischen Wurzeln gehen über der Erdoberfläche in die **Sprossachse** über. Sie bildet zusammen mit Blattstielen und Blättern das Sprosssystem. An der Sprossspitze befindet sich der Vegetationskegel, durch dessen teilungsfähige Zellen (Bildungsgewebe) sich der Spross verlängert. An den Knoten der Sprossachse wachsen neue Blätter bzw. Seitenäste. Die Fotosyntheseaktivität ist im dritten Grundorgan, dem **Blatt**, in der Regel am höchsten. Die an der Blattunterseite sitzenden Spaltöffnungen sorgen für Transpiration und ermöglichen so den Transport von Wasser und Mineralstoffen.

Löwenzahn – eine Gefäßpflanze in einer Pflasterritze

Blattwerk
Das Blatt und seine vielfältigen Funktionen

Die Laubblätter der Bedecktsamer übernehmen vielfältige Funktionen; daraus ergeben sich unterschiedlichste Formen und Größen. Die ersten Blätter einer jungen Pflanze sind die Keimblätter, die die Keimknospe schützen. Sie sind zumeist auch Speicher für die ersten Nährstoffe, die für die Keimung erforderlich sind. Die einkeimblättrigen Pflanzen sind mit einem Keimblatt ausgestattet. Dieses dient oft auch als Saugorgan für die Aufnahme von Nährstoffen aus dem Samen. Bei zweikeimblättrigen Pflanzen entwickeln sich zwei Keimblätter. Diese sind kurzlebig, sitzen sich am Stängel gegenüber und sind manchmal von einer Samenschale umschlossen.

Die Sprossachse ist von Knoten unterbrochen. Während der Spross in die Höhe wächst, bilden sich an seinen Knoten Laubblätter. Bei zweikeimblättrigen Pflanzen sind die Blätter in der Regel mit einem Blattstiel am Spross befestigt und häufig setzen sie sich aus mehreren Fiederblättchen zusammen. Einkeimblättrige Pflanzen besitzen keinen Blattstiel und ihre Blätter sind nicht zusammengesetzt.

Auf der Rückseite der Blätter tritt eine rippenartige Struktur hervor. Das ist das Leitbündelsystem, welches sich vom Spross bis in die Blattspitze zieht. Sklerenchymscheiden verstärken diese Aderung und stabilisieren das Blatt. Hält man das Blatt gegen das Licht, zeigt sich, dass die Blattadern sich entweder wie ein Netz durch das Blatt ziehen oder parallel zueinander liegen. Man unterscheidet somit Netznerven bei den Zweikeimblättrigen und Parallelnerven bei den Einkeimblättrigen.

Des Weiteren bilden Pflanzen weitere Blätter mit unterschiedlichen Funktionen aus. Hochblätter sind bespielsweise reduzierte Laubblätter, die zwischen Laubblättern und Blüten zu finden sind. Sie sind entweder unauffällig grün gefärbt und dienen als Deckblätter dem Schutz von Blüten oder auffällig bunt gefärbt, wie etwa bei Aronstab und Weihnachtsstern, zur Anlockung von Insekten. Nebenblätter wachsen unmittelbar am Blattansatz. Niederblätter wiederum sind oftmals wenig gegliedert und zu farblosen Schuppen reduziert. Sie wachsen unterhalb der Laubblattregion und schützen nach der Keimung die junge Sprossspitze.

Der innere Aufbau eines Blattes zeigt, dass er vor allem an zwei wichtige Funktionen angepasst ist. Das ist zum einen die Fotosynthese und zum anderen die Kontrolle des Wasserverlustes über die Verdunstung (Transpiration). Um diese Funktionen zu erfüllen, ist ein Blatt mit drei Gewebetypen ausgestattet: dem Abschlussgewebe (Epidermis), dem Assimilationsgewebe (Mesophyll) und dem Leitgewebe.

Die Epidermis des Blattes sorgt einerseits dafür, dass die Pflanze nicht austrocknet. Andererseits ist aber auch ein gezielter Gasaustausch über die in die Epidermis eingelassenen Spaltöffnungen möglich. Sind sie geöffnet, kann Kohlendioxid für die Fotosynthese in das Assimilationsgewebe gelangen und Sauerstoff in die Atmosphäre austreten; außerdem verdunstet über die Spaltöffnungen Wasser. Der dadurch entstehende Sog sorgt für den Wassertransport von der Wurzel bis in die Blätter. Ferner schützt die Epidermis das Blatt vor „Sonnenbrand", vor mechanischer Beschädigung und Infektionen. Das Assimilationsgewebe wird im Zusammenhang mit der Fotosynthese auf der folgenden Seite erläutert.

Immergrünes Kirschlorbeerblatt mit wasserundurchlässiger Wachsschicht (Kutikula)

$$6\ CO_2 + 12\ H_2O \Rightarrow C_6H_{12}O_6 + 6\ H_2O + 6\ O_2$$

Das Blatt und die Fotosynthese

Gehen wir nun der Frage nach, warum Pflanzen überhaupt grün sind und warum ausgerechnet die Blätter diese Farbe aufweisen. Die Antwort liegt sozusagen im Feinbau des Blattes. Die Farbe steckt vor allem im Assimilationsgewebe, dem Mesophyll. Das Mesophyll befindet sich zwischen der oberen und der unteren Epidermis und setzt sich aus Palisaden- und Schwammgewebe zusammen. Bei den meisten Laubblättern liegt das zumeist einschichtige Palisadengewebe an der Blattoberseite. Es ist aus säulenartigen Zellen aufgebaut und beinhaltet ca. 80 % der Chloroplasten eines Blattes. Die verbleibenden 20 % liegen im Schwammgewebe darunter. Die Besonderheit dieses Gewebes sind die Zellzwischenräume, die u. a. für den Austausch von Kohlendioxid und Sauerstoff wichtig sind.

„Eines der bedeutsamsten Phänome der Evolution ist die Fotosynthese" und zu diesem Vorgang sind nur Lebewesen in der Lage, die über Chlorophyll verfügen. In den Zellen der Pflanzen befindet sich dieses grüne Farbpigment in den Chloroplasten. Deren Anzahl ist mit bis zu 50 Stück pro Zelle im Assimilationsgewebe der Blätter am höchsten. Das Chlorophyll ist in der Lage, „Sonnenlicht zu fangen". Mithilfe dieser Energiequelle wird anorganisches Material in organisches Material umgewandelt; dieser Vorgang heißt Fotosynthese. Das notwendige anorganische Material besteht aus Kohlendioxid (CO_2) und Wasser (H_2O). Dieses wird kraft des Sonnenlichtes und des Chlorophylls zu sechs Sauerstoffmolekülen (O_2) und zu einem Zuckermolekül ($C_6H_{12}O_6$) umgebaut. Pflanzen produzieren ihre Nahrung also mit Hilfe des Sonnenlichtes selbst. Die chemische Gleichung dieses fundamentalen Vorgangs lautet:

$$6\ CO_2 + 12\ H_2O \Rightarrow C_6H_{12}O_6 + 6\ H_2O + 6\ O_2$$

Beschreiben wir die Fotosynthese noch etwas genauer, lassen sich zwei Reaktionen unterscheiden: die unmittelbar lichtabhängige Primärreaktion (Lichtreaktion) und die lichtunabhängige Sekundärreaktion (Dunkelreaktion). Bei der Lichtreaktion wird die Sonnenenergie in chemische Energie umgewandelt. Dabei entstehen die Substanzen NADPH und ATP; sie dienen als Energielieferanten für die nächsten Reaktionen. Während der Dunkelreaktion findet der Calvin-Benson-Zyklus statt. Mehrere aufeinander folgende Reaktionen sorgen dafür, dass aus CO_2 Kohlenhydrate in Form von Traubenzucker aufgebaut werden. Der Traubenzucker wird zunächst als Stärke in den Chloroplasten gespeichert. Stärke setzt sich also aus zahlreichen einzelnen Traubenzuckermolekülen zusammen. Nachts wird diese Stärke zu löslichem Zucker abgebaut und an seine unterschiedlichen Bestimmungsorte transportiert.

Die Zuckermoleküle dienen der Pflanze als Energiequelle für ihre Lebensprozesse. Mit dieser Energie kann sie nun neue Blätter ausbilden, in die Höhe wachsen und Blüten entwickeln. Manche Pflanzen, wie z. B. Zuckerrüben und Kartoffeln, speichern den Zucker oder die Stärke. Wir Menschen nutzen diese von den Pflanzen hergestellten Kohlenhydrate als Nahrung. Vor allem aber sind wir auf den Sauerstoff angewiesen, den Pflanzen – so ganz nebenbei – während der Fotosynthese produzieren. Wie wird nun der Zucker in der Pflanze transportiert? Wie gelangt er beispielsweise bis in die Wurzel?

Querschnitt durch ein Laubblatt

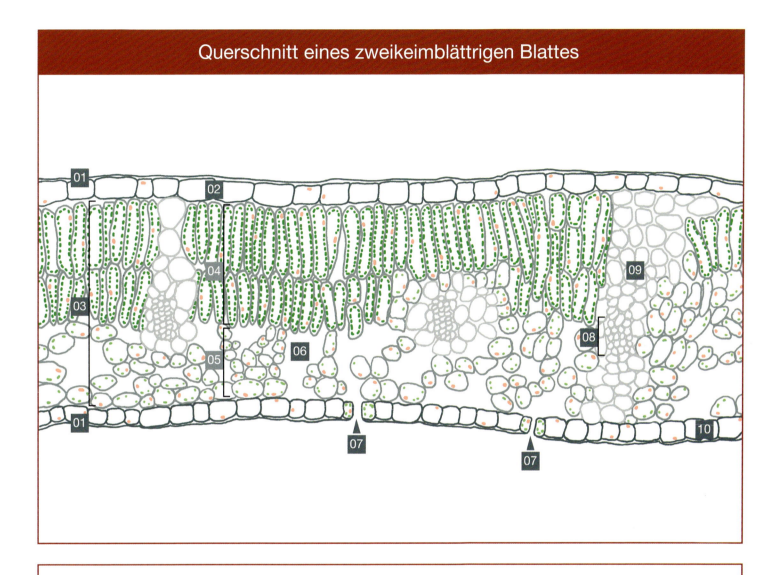

Querschnitt eines zweikeimblättrigen Blattes

01 *Kutikula*	06 *Atemhöhle*
02 *Abschlussgewebe (obere Epidermis)*	07 *Spaltöffnungen mit Schließzellen*
03 *Assimilationsgewebe (Mesophyll)*	08 *Blattader (Leitgewebe mit Xylem und Phloem)*
04 *Palisadengewebe*	09 *Bündelscheide*
05 *Schwammgewebe*	10 *Abschlussgewebe (untere Epidermis)*

Das praktische Transportsystem
Leitbündel

Das Transportsystem einer Pflanze sind die Leitbündel. Mit diesen Bündeln leitet die Pflanze gelösten Traubenzucker und Wasser mit Mineralien dorthin, wo sie gebraucht werden. Der Bedarf besteht zumeist in entgegengesetzter Richtung. So wird das Wasser über den Holzteil, das Xylem, von der Wurzel in die Blätter transportiert. Umgekehrt gelangt die Energie, die nicht für Blattwerk und Sprosswachstum benötigt wird, in Form von Traubenzucker über den Bastteil, das Phloem, des Blattes in die Wurzel.

Wie wird nun ein Laubbaum im Frühjahr wieder grün? Nehmen wir eine ausgewachsene Buche als Beispiel. Sie erwacht im Frühjahr aus der Winterruhe und steht vor der alljährlichen Herausforderung, innerhalb kurzer Zeit möglichst viele Blätter zu entwickeln. Dafür sind große Mengen Wasser erforderlich und dieses muss nun von der Wurzel bis in die Knospen einen weiten Weg zurücklegen.

Beim Sammeln des Wassers helfen symbiontische Pilze an den Wurzeln der Buche. Die Pilzfäden des Pilzes durchziehen einen noch größeren Bereich im Boden als die Wurzel mit ihren feinen Wurzelhärchen. Außerdem besitzen die weit verzwegten Pilzfäden eine größere Oberfläche, über die sie das Wasser aufnehmen. Die Buche allein könnte nicht so schnell, so viel Wasser mobilisieren. Die Pilzfäden geben das Wasser an die Wurzel ab. Das passiert auf folgende Weise: der Baum setzt Traubenzucker in den Wurzelzellen frei, wobei sich in den äußeren Zellen weniger Zucker befindet als in den inneren Zellen. Das Wasser folgt der höheren Zuckerkonzentration in den Zellen bis es schließlich in die Leitbündel gelangt. Direkt unter der Rinde des Baumes befindet sich ein Gewebe aus teilungsfähigen Zellen, das Kambium. Hier werden im Frühjahr neue Zellen aufgebaut, die wiederum als Leitungsbahnen dienen. Auch hier bahnt das Konzentrationsgefälle des Zuckers dem Wasser den Weg. Immer mehr Wasser fließt über die Wurzeln in den Baum und wird über die Leitungsbahnen Meter für Meter in die Höhe gezogen. In den Knospen angekommen, füllen sich die Zellen der Blattknospen mit Wasser, diese strecken sich, die Knospen brechen auf und die ersten Buchenblätter werden sichtbar. Innerhalb weniger Tage öffnen sich alle Blattknospen und die Buche wird grün. Die Blätter beginnen nun mit der Fotosynthese und stellen neuen Traubenzucker her. Zwischen Palisaden- und Schwammgewebe des Blattes eingebettet, nimmt dort das Phloem den Zucker auf und leitet ihn zum Spross. Der frisch produzierte Traubenzucker wird über das Leitbündelsystem in alle Teile der Buche transportiert. Der überschüssige Zucker wird in Form von Stärke in den Seitenkanälen des Stammes für das nächste Frühjahr eingelagert.

Mit den vollentwickelten Blättern beginnt auch die Verdunstung. Durch diese Transpiration an den Blättern wird das Wasser nachgezogen. Der Baum „schwitzt" sozusagen Wasser aus. Der dabei entstehende Sog reicht bis in die Wurzeln, die das Wasser wiederum aus dem Boden ziehen. Während der Vegetationsperiode ist daher für den Wassertransport kein Traubenzucker mehr notwenig. Der Baum kann im Durchschnitt über 100 Liter Wasser pro Tag über die Wurzeln nach oben ziehen und über die Blätter verdunsten. Zusätzlich werden im Frühjahr die Wasserspeicher der Zellen aufgefüllt, so dass der Baum auch Trockenperioden überstehen kann.

Stamm der sommergrünen Rotbuche

Wenn der Baum dicker wird
Querschnitt durch einen Baumstamm

Nicht nur im Wald begegnet uns Holz, sondern auch als vielseitiger Werkstoff, stabiler Baustoff und wirkungsvoller Energieträger. Angesichts des drohenden Klimawandels nimmt seine Bedeutung als CO_2-Speicher zu. Eine 140-jährige Buche hat der Atmosphäre beispielsweise 1,6-3,5 t CO_2 entzogen und überwiegend in Holz umgewandelt. Wird diese Buche geerntet, bleibt das CO_2 im Holz gebunden. Erst durch Zersetzung oder Verbrennung des Holzes gelangt das CO_2 wieder in die Luft.

Holzbildende Pflanzen gehören zu den Blütenpflanzen. Es sind Bäume, Sträucher und mehrjährige Kräuter. Ihr Spross verholzt mit der Zeit. Vor allem bei den Bäumen ist die Holzproduktion besonders hoch. Holz ist lange haltbar und sehr stabil. Für die Holzpflanzen ist es allerdings nicht leicht, die ersten Lebensjahre zu überstehen, denn sie stecken ihre Energie, die Assimilate, nicht in den Bau einer großen Blattfläche, über die sie schnell weitere Traubenzuckerreserven anlegen könnten. Sie sorgen zunächst einmal für die Verholzung ihres Sprosses. Später haben die Holzpflanzen gegenüber unverholzten Pflanzen Vorteile. Die Erneuerungsknospen treiben im Lauf der Zeit in immer größerer Höhe aus. Wenn sie die Konkurrenz überschatten, haben sie es geschafft.

Wie entsteht eigentlich Holz? Entscheidend dafür ist das sogenannte „sekundäre Dickenwachstum", welches zur Zunahme des Stammumfangs führt. Direkt unter der Rinde des Baumes befindet sich das Kambium mit teilungsfähigen Zellen. Während der Vegetationsperiode werden von diesem Bildungsgewebe Zellen nach innen und außen abgegeben. Es ist sekundäres Dauergewebe. Die jungen Zellen sind zunächst elastisch und für Wasser durchlässig. Später führt die Einlagerung von Lignin, also die Verholzung dazu, dass die Zellen ihre Elastizität verlieren, aber dennoch für Wasser durchlässig sind. Das entstehende Holz (sekundäres Xylem) hat Stützungsfunktion und sorgt für den Wassertransport.

Der Querschnitt durch einen Baumstamm zeigt eine ringförmige Maserung. Diese Jahresringe, die den Großteil des Baumstamms ausmachen, entstehen durch die jahreszeitlichen Temperaturschwankungen. Nach der Winterruhe beginnt im Frühjahr die Bildung des Frühholzes. Es besteht aus hellem, lockerem Gewebe und ist ideal für den schnellen Transport von Wasser mit den darin gelösten Mineralien. Im Lauf der Vegetationsperiode entstehen kleinere und dickwandigere Zellen, das Spätholz. Dieses Holz ist durch das in den Zellwänden eingelagerte Lignin dunkler. Durch Zählen der Jahresringe kann man das Alter eines gefällten Baumes ermitteln.

Die Rinde setzt sich unter anderem aus der äußeren Borke und dem lebenden Bastteil (sekundäres Phloem) zusammen. Das Phloem ist für den Transport von Traubenzucker zuständig. Durch die Zunahme des Stammumfangs zerreißen die äußeren Bastschichten und sterben ab; sie bilden die Borke. Das aktive Gewebe eines Baumes liegt also direkt unter der Borke. Hier lebt der Stamm des Baumes. Selbst wenn das Holz im Innern morsch oder der Baum hohl ist, kann er weiterleben, während ein Baum ohne Rinde abstirbt.

Baumscheibe einer Erle

Die Verankerung des Baumes
Die Wurzel und ihr System

Geschätzte 25 Millionen Bäume (umgerechnet zwölf Millionen Kubikmeter Holz) brachte der im Januar 2007 wütende Orkan „Kyrill" in Nordrhein-Westfalen zu Fall. Vor allem im Sauerland hinterließ Kyrill seine Spuren und knickte ganze Fichtenbestände wie Streichhölzer um. Denn besonders Fichten sind sturmanfällig. Woran liegt das möglicherweise?

Im Verborgenen unter der Erdoberfläche spielt das Wurzelsystem eine wichtige Rolle. Neben der Aufnahme von Wasser mit den darin gelösten Nährstoffen dient die Wurzel der Verankerung im Boden. Die in der Regel standfeste Buche besitzt eine Herzwurzel. Diese besteht aus mehreren senkrechtwachsenden Hauptwurzeln, während die Seitenwurzeln strahlenförmig von den Hauptwurzeln abstehen. Daraus ergibt sich ein recht kompaktes Wurzelsystem. Die Pfahlwurzel, wie die der Kiefer, ähnelt der Herzwurzel. Diese reicht, je nach Beschaffenheit des Erdbodens, ebenfalls tief in den Boden hinein, bildet jedoch waagerecht abzweigende Seitenwurzeln. Die Fichte dagegen ist ein sogenannter Flachwurzler. Sie hat ein flaches, tellerförmig ausgebreitetes Wurzelsystem. Das hat den Vorteil, dass sie auch auf flachgründigen Böden Halt findet. Allerdings ist ein entscheidender Nachteil, dass der Nadelbaum bei heftigem Sturm schnell entwurzelt wird. Weiterhin ist das 1:1-Verhältnis der Biomasse zwischen Wurzel und Stamm/Krone wichtig für die Standfestigkeit. Verdichteter Boden mit geringer Bodenluft und mangelndem Wasser kann die Durchwurzelung erschweren. Durch die Zunahme der Kronen-Biomasse kippt möglicherweise das ausgeglichene Verhältnis.

Wie schafft es die Wurzel den Boden überhaupt zu durchwachsen? In einem frühen Entwicklungsstadium wird die Wurzel Primärwurzel genannt. Das Wachstum einer Wurzel in die Länge findet immer an der Wurzelspitze statt. Folglich wird dieses Entwicklungsstadium an der Spitze deutlich. Der Primärwurzelbereich untergliedert sich in drei Zonen: Zellteilungs-, Zellstreckungs- und Differenzierungszone. Direkt an der Wurzelspitze befindet sich der Vegetationskegel, der sowohl durch eine Wurzelhaube als auch durch eine Schleimhülle geschützt ist. Gut verpackt bahnt sich also die Wurzel mittels Zellteilung ihren Weg vorbei an den Bodenpartikeln. Auf die Zellteilungszone folgt die Zellstreckungszone. Die neugebildeten Zellen entwickeln sich in dieser Zone weiter. Sie werden größer und unterschiedliche Gewebe werden mit ihnen aufgebaut. Die Rinde dieser Zone ist mit kurzlebigen Wurzelhärchen bewachsen, die für die Wasseraufnahme zuständig sind. In der sich anschließenden Differenzierungszone werden die einzelnen Gewebe, wie beispielsweise Abschluss- oder Leitgewebe voll ausgebildet. Mit voranschreitendem Alter dieses Wurzelbereichs blättert die primäre Rinde ab und die mit dem sekundären Dickenwachstum einhergehende Verholzung bei Nadelgehölzen und zweikeimblättrigen Pflanzen beginnt. Bei einkeimblättrigen Pflanzen, wie beispielsweise Palmen, bleibt die primäre Rinde erhalten und verholzt.

Wurzeln bieten nicht nur der jeweiligen Pflanze sicheren Halt; sie halten auch den Boden fest. Diese Art von Erosionsschutz ist besonders an den Rändern von Fließgewässern und an steilen Berghängen gefragt.

Festverwurzelte Eichen im Naturschutzgebiet Heiliges Meer

Verlockende Blätter
Die Bestandteile der Blüte

Blüten begegnen uns in den unterschiedlichsten Formen und Farben. Sie sind ein charakteristisches Merkmal von Blütenpflanzen (= Samenpflanzen). Farnpflanzen hingegen bilden statt Blüten Sporenbehälter aus. Laut Definition ist eine Blüte ein „Spross begrenzten Wachstums, welcher der geschlechtlichen Fortpflanzung dienende und dementsprechend umgestaltete Blätter trägt". Bei der Blütenbildung entstehen am Vegetationskegel anstatt von Laubblättern Kelch-, Kron-, Staub- und Fruchtblätter. Aus diesen Blättern besteht letztlich die Blüte.

Die Blüte sitzt auf der gestauchten Achse eines Stängels, dem Blütenboden. Die robusten und normalerweise grünen Blütenkelchblätter bilden auf dem Blütenboden einen Kelch aus. Im Innern des Kelches liegen gut geschützt und gestützt weitere Blütenorgane. Die Blütenkronblätter zeichnen sich zumeist durch auffällige Farben und Formen aus. Mit diesen Kronblättern locken viele Pflanzen, Insekten zur Bestäubung an. Kelchblätter und Kronblätter bilden zusammen die Blütenhülle.

Weiter im Innern einer Blüte befinden sich die Staubblätter. Sie bestehen aus einem Staubfaden und einem Staubbeutel. Der Staubbeutel gliedert sich wiederum in Staubbeutelfächer. In diesen liegen die Pollensäcke. Hierin entwickeln sich die Pollenkörner mit den männlichen Keimzellen. Zusammengefasst werden sie auch als Blütenstaub oder Pollen bezeichnet.

Im Zentrum der Blüte liegt der Stempel mit den weiblichen Fortpflanzungsorganen. Der Stempel wird aus Fruchtblättern gebildet und von oben nach unten in Narbe, Griffel und Fruchtknoten untergliedert. Die Narbe ist das obere Ende der Fruchtblätter und fängt die Pollenkörner auf. Meist befinden sich auf ihrer Oberfläche knubbelartige Auswüchse, die mit einer klebrigen Flüssigkeit überzogen sind. Die Pollen bleiben so besser daran haften. Der Griffel verbindet die Narbe mit dem Fruchtknoten. Im Bereich des Fruchtknotens bilden die Fruchtblätter einen oder mehrere geschlossene Hohlräume, worin die Samenanlagen mit den weiblichen Eizellen eingeschlossen sind.

Nach der Lage der Fruchtknoten ergeben sich drei Unterscheidungsmöglichkeiten. Sitzt die Blütenhülle unterhalb des Fruchtknotens, spricht man von einem oberständigen Fruchtknoten, wie etwa bei Hahnenfußgewächsen und Süßgräsern. Bei vielen Rosengewächsen, wie beispielsweise Kirschen, besitzt die Blüte einen becherartigen Blütenboden, der mit dem Fruchtknoten nicht verwachsen ist. Es handelt sich um einen mittelständigen Fruchtknoten. Bei Apfelblüten steht die Blütenhülle über dem Fruchtknoten, somit ist der Fruchtknoten unterständig.

Eine Fähigkeit von Blütenpflanzen, die durch Insekten bestäubt werden, soll nicht außer Acht gelassen werden. Manche Blüten entwickeln an unterschiedlichen Blütenbestandteilen Drüsengewebe. Der darin produzierte Nektar dient, wie die auffällige Blüte, zur Insektenanlockung. Der hauptsächlich zuckerhaltige Nektar ist eine wichtige Nahrungsquelle für Insekten und ganz nebenbei bestäuben die Insekten bei der Nahrungsaufnahme die Pflanze.

Blütenbeispiel: Gilbweiderich mit fünf Staubblättern und einem Stempel (grüne Spitze)

Gänseblümchen, Löwenzahn & Co.
Pflanzenfamilien

Die Blüte ist das wichtigste Erkennungs- und Unterscheidungsmerkmal bei bedecktsamigen Pflanzen. Wenn wir die Blüten genauer betrachten, dann stellen wir fest, dass alle Bedecktsamer zumeist die gleichen Blütenorgane besitzen. Allerdings können ihre Anzahl und Anordnung unterschiedlich sein. Weisen die Blüten einen gleichartigen Blütenaufbau auf, d. h. Anzahl und Anordnung der Grundorgane in einer Blüte sind gleich, werden sie in einer Pflanzenfamilie zusammengefasst.

Die bedecktsamigen Blütenpflanzen lassen sich zwei Unterabteilungen zuordnen: die einkeimblättrigen Pflanzen (min. 90.000 Arten weltweit), zu denen unter anderem Süßgräser, Orchideen und Lilien gehören und die zweikeimblättrigen Pflanzen (min. 250.000 Arten weltweit), zu denen fast alle Laubbäume und Sträucher sowie zahlreiche krautige Pflanzen zählen. Die im Folgenden kurz vorgestellten Pflanzenfamilien sind zweikeimblättrige Pflanzen.

Viele Wintergemüsepflanzen (Brokkoli, Rotkohl, Blumenkohl) und auch Raps und Senf sind **Kreuzblütler** (Brassicaceae). Der Name „Kreuzblütler" beruht auf der kreuzförmigen Anordnung der vier Kronblätter.

Gartenblumen wie Rittersporn und Küchenschelle sind typische **Hahnenfußgewächse** (Ranunculaceae). Sie weisen nektarabsondernde „Honigblätter" von unterschiedlicher Gestalt auf und locken mit dem zuckerhaltigen Nektar hungrige Insekten zur Bestäubung an. Die Anzahl der Kron- und Kelchblätter liegt bei fünf.

Die **Korbblütler** (Asteraceae) bilden bei uns die größte Pflanzenfamilie. Typisch für Gänseblümchen, Löwenzahn und Co. sind die körbchen- oder kopfartigen Blütenstände. Zahlreiche Einzelblüten sind hier zusammengefasst und die oftmals am Rand liegenden Zungenblüten erwecken den Anschein, dass es sich um eine einzige Blüte handelt. Der Löwenzahnblütenstand hat demnach an die 200 Blüten.

Die **Schmetterlingsblütler** (Fabaceae) spielen für unsere Ernährung und auch die der Tiere eine wichtige Rolle. An den Wurzeln von Klee, Sojabohne, Erbsen und Bohnen sitzen Knöllchenbakterien. Diese Bakterien können aus der Luft Stickstoff binden. Dieser steht den Pflanzen unter anderem zur Eiweißherstellung zur Verfügung. Das Eiweiß kommt in großen Menge in den Samen vor. Viele Früchte und Samen der Schmetterlingsblütler müssen jedoch vor dem Verzehr gekocht werden, da sie roh oft unbekömmlich und manchmal auch giftig sind.

Bei den Blüten einiger **Braunwurzgewächse** (Scrophulariaceae) sind besonders kräftige Insekten zur Bestäubung gefragt. Der Eingang zur Kronröhre ist oftmals verschlossen, wie bei der Blüte eines Löwenmäulchens. Setzt sich also beispielsweise eine Hummel auf die unteren, verwachsenen Kronblätter dieser Blüte, klappt diese auf und kann durch die Hummel bestäubt werden.

Zu den **Raublattgewächsen** (Boraginaceae) zählen unter anderem Borretsch und Natternkopf. Bei vielen Arten sind die fünf Kronblätter im unteren Bereich zu einer Röhre verwachsen. Die Kronröhre besitzt im Innern oft „Schlundschuppen", die diese zusätzlich verengen. Der Name „Raublatt" meint die charakteristische Behaarung der Blätter und des Stängels.

Blütenstand eines Korbblütlers

Von der Blüte zum Keimling
Wie sich Pflanzen fortpflanzen ...

Wie pflanzen sich Pflanzen fort? Bei dem Entwicklungszyklus der Blütenpflanzen spielen die Blüten die Hauptrolle. Bei zweihäusigen Pflanzenarten, wie beispielsweise dem Strahlengriffel *(Actinidia)* oder dem Hanf *(Cannabis)* gibt es sowohl männliche als auch weibliche Blüten, die auf verschiedenen Pflanzen wachsen. Haselnuss *(Corylus)* und Rohrkolben *(Typha)* sind dagegen typische einhäusige Pflanzen; sie haben sowohl männliche als auch weibliche Blüten auf einer Pflanze. Die meisten Blütenpflanzen sind allerdings zwittrig. Sie bilden in einer Blüte sowohl männliche als auch weibliche Fortpflanzungsorgane aus. Der Fortpflanzungszyklus beginnt mit der Entwicklung der Fortpflanzungsorgane und führt über die Bestäubung und Befruchtung zur Samen- und Fruchtbildung und schließlich zur Keimung.

Entwicklung der Fortpflanzungsorgane: Bildet eine Pflanze Blüten aus, entwickelt sie ihre Fortpflanzungsorgane. In den Staubblättern einer Blüte reifen die männlichen Keimzellen heran. Die Staubblätter bestehen unter anderem aus Pollensäcken, in denen sich die Pollenmutterzellen bilden. Durch Meiose, der Reifeteilung, entstehen aus einer Pollenmutterzelle vier Pollenkörner (Mikrosporen). Die einzelnen Pollenkörner enthalten jeweils eine vegetative Zelle, aus der der Pollenschlauch hervorgeht und eine generative Zelle. Die generative Zelle teilt sich wiederum in zwei Spermazellen, die nach erfolgreicher Bestäubung mit Hilfe des Pollenschlauches zur Eizelle gelangen. Im Fruchtknoten einer Blüte entwickeln sich die weiblichen Keimzellen. Der Fruchtknoten besteht aus Fruchtblättern, die einen oder mehrere geschlossene Hohlräume bilden. In diesen Hohlräumen liegen von sogenannten Integumenten umhüllte Samenanlagen. Pro Samenanlage bildet sich eine einzige Embrysosackmutterzelle. Auch hier findet Reifeteilung statt, wobei aus der Mutterzelle vier Megasporen entstehen, von denen drei absterben. Die vierte Megaspore ist die Embryosackzelle, die sich zum Embryosack weiterentwickelt und eine Eizelle, zwei Polkerne sowie weitere Zellen beinhaltet.

Bestäubung und Befruchtung: Wenn Wind oder Insekten Pollenkörner auf die Narbe übertragen, dann ist die Pflanze bestäubt. Das Pollenkorn „keimt" nun aus, wobei der Pollenschlauch des Pollenkorns mit den männlichen Spermazellen von der Narbe aus durch den Griffel nach unten zum Fruchtknoten wächst. Ziel ist die Samenanlage mit der weiblichen Eizelle. Dort angekommen, verschmelzen Spermazelle und Eizelle zur Zygote und die Befruchtung war erfolgreich. Die zweite Spermazelle vereinigt sich mit den beiden Polkernen zum Endosperm, dem Nährgewebe des späteren Keimlings.

Samen- und Fruchtbildung: Im Embryosack wächst nun der Embryo heran und die Samen- und Fruchtbildung beginnt. Die Integumente werden zur Samenschale und schließen das Endosperm ein. Die Wand des Fruchtknotens entwickelt sich weiter zur Frucht, die den Samen umgibt.

Keimung: Wenn die Frucht ausgereift ist und die Samen aus dieser entlassen werden, beginnt die Keimung des Samens. Zuerst entwickelt sich die Keimwurzel, anschließend wachsen die ersten Keimblätter. Aus dem Keimling entsteht eine vollständige Pflanze, die wiederum Blüten ausbildet; der Zyklus beginnt von Neuem.

Keimende Feuerbohne

Wechsel der Generationen
Moose (Esther Boekee & Katharina Crazius)

Moospflanzen sind mit Chlorophyll ausgestattete Landpflanzen ohne echte Wurzeln. Zur Verankerung am Untergrund besitzen Moose stattdessen Rhizoide. Moose sind, wie die höheren Pflanzen, photoautotroph. In ihrer Entwicklung stehen Moose zwischen den niederen (Algen) und höheren Pflanzen (Farn- und Blütenpflanzen). Ihre Fortpflanzungsart verbindet sie mit den Farnpflanzen. Die Vermehrung findet innerhalb eines Generationswechsels statt. Generationswechsel heißt, dass die geschlechtliche und ungeschlechtliche Fortpflanzung auf unterschiedliche Generationen verteilt wird. Die Vermehrung mittels Keimzellen findet in der Gametophytengeneration statt und die Fortpflanzung durch Sporen in der Sporophytengeneration.

Der grüne mit Blättern und Rhizoiden versehene Teil des Mooses ist der Gametophyt (1). Der Sporophyt (2) kann nur in Abhängigkeit von diesem Gametophyten existieren. Der stets unverzweigte Sporophyt besitzt weder Blätter noch Rhizoide und sitzt auf dem Gametophyten. Der Gametophyt ist der Keimzellenbildner, wogegen die Sporen vom Sporophyten gebildet werden. Der Sporophyt (2) befindet sich als gestielte Sporenkapsel (3) auf dem Gametophyten (1) und wird von diesem ernährt.

Sind die Sporen in der Sporenkapsel ausgereift, springt der Deckel (4) der Kapsel auf und gibt zahlreiche Sporen (5) frei. Die Moossporen sind mit einem einfachen Chromosomensatz (1n) ausgestattet. Aus denen sich nun fadenförmige Vorkeime mit Knospen (6) bilden, die sowohl männliche (7) als auch weibliche (8) Gametophyten entwickeln.

Im keulenförmigen Fortpflanzungsorgan der männlichen Gametophyten, dem Antheridium (9), befinden sich die frei beweglichen männlichen Keimzellen, die Spermatozoiden. Die Antheridien eines einzelnen Gametophyten bilden einen Antheridienstand. Weibliche Gametophyten beherbergen ihre Keimzellen im flaschenförmigen Archegonium (10). Mehrere Archegonien bilden ebenfalls einen Archegonienstand. Die jeweiligen Stände befinden sich an der Spitze einer grünen Laubmoospflanze.

Obwohl Moose recht gut an das Landleben angepasst sind, benötigen sie zur Fortpflanzung im Gegensatz zu höheren Pflanzen Wasser. Gelangt z. B. ein Regentropfen (11) auf das reife Antheridium (9) öffnet es sich und entlässt die Spermatozoiden (12), die sich mit zwei Geißeln fortbewegen. Das reife Archegonium (10) gibt einen zuckerhaltigen Schleim ab, der die Spermatozoiden anzieht. Sind sie am Archegonium angelangt, kann es zur Befruchtung (13) der Eizelle kommen. Die befruchtete Eizelle, die Zygote, besitzt einen doppelten Chromosomensatz (2n). Die Zygote reift im Archegonium zu einem Embryo (14) heran und wächst als Sporophyt (15) nach oben.

Ein Generationswechsel findet bei Moosen und niederen Lebewesen sowie bei den Farn- und Blütenpflanzen statt. Kennzeichnend für die Moose ist, dass die eigentliche Moospflanze zur Gametophytengeneration gehört, während bei den meisten Farnen und bei allen Blütenpflanzen der Sporophyt die eigentliche Pflanze bildet.

Generationswechsel eines Laubmooses (vereinfacht nach RAVEN et al., 2006)

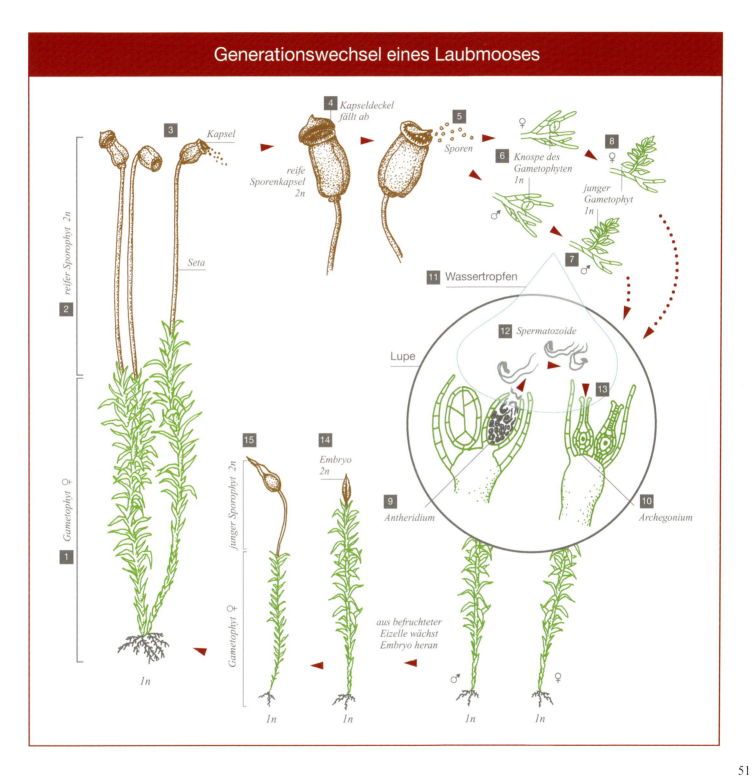

Archiv und extremer Lebensraum
Moore als Zeugen der Vegetationsgeschichte (Anne Lehrig)

„O schaurig ist's übers Moor zu gehn". An dieses Zitat aus „Der Knabe im Moor" von der westfälischen Dichterin Annette von Droste-Hülshoff können sich viele Menschen erinnern, wenn sie den Begriff „Moor" hören. Dank wissenschaftlicher Untersuchungen ist dieser einzigartige Lebensraum heute nicht mehr nur noch schaurig, sondern auch besonders wertvoll.

Moore sind die letzten ursprünglichen Lebensräume Westfalens; ihre Entwicklung begann nach der letzten Kaltzeit in niederschlagsreichen Gebieten. Wasserüberschuss führte zu Sauerstoffmangel, anfallende Pflanzenteile von Schilf, Wollgras und Moosen wurden durch unvollständigen Abbau zu Torf und das Moor wuchs in die Höhe. Sehr feuchte Bedingungen, geringe Nährstoffkonzentration und Sauerstoffmangel sind nur einige besondere Standorteigenschaften dieses extremen Lebensraums. Sie führen dazu, dass dort nur wenige sehr spezialisierte Tier- und Pflanzenarten leben, wie z. B. die Mond-Azurjungfer, eine Libelle, und der Sonnentau, eine fleischfressende Pflanze. Ohne den Lebensraum Moor würden diese Arten aussterben.

Eine weitere Funktion macht die Moorgebiete Westfalens besonders wertvoll. Sie sind Archive der regionalen nacheiszeitlichen Landschaftsgeschichte. Die Torfschichten eines Moores beherbergen nicht nur Reste von Pflanzenfasern, sondern auch Pollen. Diese männlichen Erbgutträger werden in Massen produziert. Nicht alle bestäuben eine andere Pflanze; sie lagern sich auf dem Erdboden ab. Im Lauf der Zeit werden die meisten zersetzt und bleiben nicht erhalten – anders jedoch im Moor. Sauerstoffmangel verhindert die Zersetzung, viele werden konserviert.

Die Pollen einer Pflanzenart weisen eine typisch ausgeprägte Oberflächenstruktur auf, anhand derer sie voneinander zu unterscheiden sind. Mit einem bestimmten Verfahren kann ein Pollenprofil für einzelne Torfschichten erstellt werden. Das Profil gibt an, welche Pflanzenarten zu welchem Zeitpunkt in der Region vorherrschten. Da heute bekannt ist, welche Pflanze welche klimatischen Verhältnisse bevorzugt, können Aussagen über damalige die Temperatur und die Feuchtigkeit getroffen werden. Dadurch kann die Geschichte der Landschaft zum Teil rekonstruiert werden. Es gibt also auch Positives zum Thema „Pollen" – nicht nur tränende Augen und eine laufende Nase.

Heute sind von den einst weit verbreiteten Mooren Mitteleuropas nur noch Reste vorhanden; sie gehören somit zu stark gefährdeten Gebieten. Sie sind aufgrund ihrer Einzigartigkeit und ihrer Archivfunktion besonders schützenswert. Nach wie vor werden die Moore Nordwestdeutschlands jedoch wirtschaftlich genutzt. Das Torfsubstrat findet häufig Anwendung im privaten Garten, obwohl es die Bodenqualität verschlechtert. Denn Torf enthält nur wenige Nährstoffe und hat einen niedrigen pH-Wert. Lediglich die Wasserspeicherkapazität des Gartenbodens wird durch Torf verbessert.

Entwässerte Moore sind kaum renaturierbar, denn der ursprüngliche Wasser- und Nährstoffhaushalt ist sehr schwer wiederherstellbar. Darüber hinaus wachsen Moore extrem langsam; das Wachstum eines Moores beträgt nur etwa einen Millimeter pro Jahr.

Venner Moor, Münsterland

Wenn in der Eiche gewickelt, gebohrt …
Lebensraum Eiche (Anne Wormland und Katharina Crazius)

Die Eiche besteht nicht nur aus Holz und vielen Blättern. Sie bietet auch jede Menge Platz für zahlreiche Tiere. Tatsächlich leben in, auf, an und unter einer alten Eiche mehr als 1.000 verschiedene Tierarten. Alle nutzen die Eiche auf unterschiedliche Weise und nicht über jeden Besucher kann sich die Eiche freuen …

Mit viel Geduld und wachem Blick lassen sich, neben Wildschwein, Eichelhäher und Igel, auch zahlreiche Insekten an der Eiche finden. Der seltene **Hirschkäfer** lebt nur in alten Eichenwäldern. Gut zu erkennen ist das Männchen an seinem mächtigen „Geweih", mit dem es kämpfen kann. Bei dem „Geweih" handelt es sich um einen riesigen Oberkiefer. Bei zahlreichen Insekten ist das Leben als Larve im Gegensatz zum Leben als Vollinsekt sehr lang. So lebt die Hirschkäferlarve 5–8 Jahre, der ausgewachsene Käfer dagegen nur einen Monat.

Viele Insekten, die den Zusatz „Eiche" im Namen tragen, sind speziell auf diese Baumart angewiesen und können ohne Eichen nicht überleben. Der reiskorngroße **Eichelbohrer** ist einer von ihnen. Er bohrt mit seinem langen Rüssel ein Loch in die noch unreifen Früchte und legt darin seine Eier ab. Die geschlüpfte Larve dieses Rüsselkäfers lebt in der Eichel, wie die Made im Speck. Wenn im Herbst die Eichel herunter fällt, kriecht die Larve heraus und überwintert im Boden.

Insbesondere in der Dämmerung kann man in alten Eichenwäldern den **Großen Eichenbock** bei der Nahrungssuche beobachten. Die langen Fühler des Bockkäfers werden auch „Hörner" genannt, was ihm den Namen „Bock" bescherte. Seine Eier legt der Eichenbock in morschen Eichen ab.

Wenn eine lange Raupenreihe im Gänsemarsch den Stamm entlang kriecht, sind die **Eichenprozessionsspinner**, eine Schmetterlingsart, unterwegs. Diese Prozession erweckt den Eindruck, als bewege sich eine Schlange auf der Baumrinde. So getarnt, führen die nahrhaften Raupen des Prozessionsspinners ihre Fressfeinde (vor allem Vögel) in die Irre.

Ein bestimmter Hautflügler lässt sich leicht an den Galläpfeln am Eichenblatt erkennen. Die Kinderstube der **Eichengallwespe** ist ein murmelartiges Gebilde am Eichenblatt. Dieser Gallapfel entsteht, wenn das Weibchen ein Eichenblatt ansticht und darin ein Ei ablegt. Die Eiche wird durch die Eiablage zur Bildung von Gallgewebe angeregt. Das Gewebe umschließt die Einstichstelle mit dem darin liegenden Ei. So baut die Eiche der bald schlüpfenden Larve unfreiwillig eine schützende Wohnung, wobei das Gallgewebe direkt als Nahrung dient. Ist die Gallwespe ausgewachsen, beißt sie ein Loch durch die Wand des restlichen Gallapfels und fliegt hinaus.

Ein weiterer Bewohner ist der **Grüne Eichenwickler**. Bereits im Mai können wir die Raupe oder ihre Fraßspuren an Blättern und Knospen entdecken. Bei gutem Nahrungsangebot kann es passieren, dass sich der Wickler rasant ausbreitet und ganze Eichenbstände kahl frisst. Aus diesem Grund ist der Eichenwickler in Forstbetrieben und Baumschulen ungern gesehen. Die Raupe dieser Nachtfalterart wickelt Eichenblätter zusammen, verpuppt sich darin und schlüpft schließlich aus dem Blatt.

Großer Eichenbock

... gerollt und gehämmert wird.
Lebensraum Eiche (Anne Wormland und Katharina Crazius)

An der Eiche werden nicht nur Blätter gewickelt, sie werden auch gerollt. Die Weibchen unter den **Eichenblattrollern** sind sozusagen die Schneiderinnen unter den Käfern. Sie schneidern nach einem festen Schnittmuster Blatt-Tüten für ihren Nachwuchs. Die Blätter werden von den Seiten bis zur Mittelrippe eingeschnitten, die beiden Blatthälften übereinander geklappt und zusammengerollt. Das Weibchen legt ihr Ei hinein und kurz darauf schlüpft die Larve. Die Larve fällt im Herbst mit dem welken Blatt herunter und überwintert im Blatt auf dem Erdboden. Im Frühjahr verpuppt sie sich und im Mai schlüpft der Käfer.

Nicht nur Insekten leben in, auf, unter oder an der Eiche. Es gibt noch weitere Bewohner. Auch Vögel und Säugetiere nutzen die Eiche als Lebensraum und Nahrungslieferanten. Das **Eichhörnchen** beispielsweise ist ein Meister im Verstecken von Eicheln, die ihm als Winternahrung dienen. Dank seines ausgezeichneten Gedächtnisses und seines guten Geruchssinns findet es diese meist auch wieder. Mit seinem ausgeprägten Gleichgewichtssinn, den scharfen Krallen und seinem buschigen Schwanz als Hilfe zum Balancieren flitzt das Eichhörnchen am Baumstamm entlang. Dieser Fortbewegungsweise verdankt es auch seinen Namen, der nicht von der Eiche abgeleitet ist, sondern von dem althochdeutschen Wort „aig", was soviel heißt, wie „sich schnell bewegen".

Das **Wildschwein** ist wohl das größte Tier, das die Früchte der Eiche als Nahrung nutzt. Das Eichenlaub eignet sich hervorragend als gemütlicher Ruheplatz. Wildschweine suhlen sich gerne im Schlamm; das ist im Sommer eine willkommene Abkühlung und hilft auch bei der „Hygiene". Die Parasiten im Fell der Schweine kleben im Schlamm fest. Den getrockneten Schlamm samt Ungeziefer schaben sie anschließend an der rauen Eichenrinde ab.

Neben Igel und Siebenschläfer kommt ein weiteres Säugetier an der Eiche vor – die **Rötelmaus**. Sie lebt unter der Eiche in einem großen Netzwerk von unterirdischen Gängen. Ab und zu lässt sie sich auch im Blätterwerk der Eiche beobachten.

Wenn es an der Eiche hämmert, ist meist der **Buntspecht** bei der Arbeit. Mit Hilfe seines Meißelschnabels klopft er Löcher in den Baum. So zimmert er sich eine Bruthöhle oder sucht nach Larven, die unter der Borke leben. Hat er eine Larve frei gelegt, schnellt blitzschnell seine lange Zunge vor, mit der er seine Beute aus dem Holz zieht. Leerstehende Buntspechthöhlen werden zumeist durch andere Tiere in Anspruch genommen. Nachmieter könnte neben der Ringeltaube auch der **Große Abendsegler** sein. Er nutzt große Baumhöhlen zur Überwinterung und bringt hier auch seine Jungen zur Welt.

Der **Waldkauz** zählt zu den häufigsten unter den seltenen Eulenarten. Seine gute Flugfähigkeit und sein vielseitiger Speiseplan erleichtern ihm die Nahrungssuche. Während er die ganze Nacht auf der Jagd ist, schläft er tagsüber meist in Baumhöhlen.

Der **Eichelhäher** – er gehört zur Familie der Rabenvögel – trägt aufgrund seiner Vergesslichkeit erheblich zur Verbreitung von Eichen bei. Er vergräbt im Herbst Unmengen an Eicheln als Wintervorrat, findet dann aber nur die wenigsten wieder.

Waldkauz im Eichen-Buchenwald

Buntes am Baumstamm
Flechten (Esther Boekee)

„Bunte Parasiten am Apfelbaum?" Nein! Das sind keine Parasiten, sondern Aufsitzerpflanzen (Epiphyten). Diese oftmals farbenfrohen Gebilde sind sogenannte Flechten; sie wachsen zwar auch an Bäumen, entziehen der Pflanze jedoch keine Nährstoffe oder Wasser. Im Gegenteil, Flechten bilden wertvolle Lebensräume für viele räuberische Insekten, die sich von Baumschädlingen ernähren. Neben Bäumen besiedeln Flechten auch Hausdächer, Mauern, Steine, auch alte Autos und sogar Knochen.

Flechten entstehen, wenn ein Pilz mit einem oder mehreren fotosynthesebetreibenden Partner(n) eine Verbindung eingeht. Die Pilze sind zumeist Schlauchpilze und die fotosynthesebetreibenden Organismen in der Regel Grünalgen oder Cyanobakterien.

Der Pilz umhüllt die Alge mit Pilzfäden (Hyphen) und schützt sie durch sein Geflecht vor zu starker Sonneneinstrahlung und damit einhergehender Austrocknung. Die innenliegende, umsponnene Alge produziert bei der Fotosynthese u. a. Kohlenhydrate, von denen sich auch der Pilz ernährt. Diese Art der Arbeitsteilung, bei der beide Partner vom Dasein des anderen profitieren, wird Symbiose genannt.

Die Vermehrung der Flechten erfolgt in der Regel ungeschlechtlich, vor allem durch Bruchstückchen der Flechte. Die Stückchen werden durch den Wind verbreitet und heften sich wieder an einem geeigneten Untergrund an. Dort können sie sich zu eigenständigen Flechten entwickeln. Eine weitere Möglichkeit der Fortpflanzung ist die Ausbildung von Stäbchen (Isidien) oder kugelförmigen Körperchen (Soredien), die abbrechen, am Ort liegen bleiben oder vom Wind verfrachtet werden. Diese Arten der Fortpflanzung haben den Vorteil, dass Pilz und Alge gemeinsam weiterverbreitet werden.

Zur geschlechtlichen Fortpflanzung der Flechte ist nur der Pilz fähig. Dies geschieht durch Ausbildung der für Pilze typischen Fruchtkörper (Apothecien), aus denen die Sporen freigegeben werden. Verbinden sich die aus den Sporen entstandenen Hyphen mit einer Alge, entsteht wieder eine Flechte.

Weil Flechten kein Wasserleitsystem haben, können sie ihren Wasserhaushalt nicht selber regulieren. Deswegen brauchen sie zum Wachsen eine hohe Luftfeuchtigkeit. Pilze und Algen benötigen daher eigentlich feuchte Standorte. Als Flechten können sie aber sowohl in praller Wüstensonne als auch bei eisiger Hochgebirgskälte existieren. Die langen Trockenphasen an diesen Standorten überleben sie ohne Probleme, indem sie in einer Art Trockenstarre überdauern.

Das empfindliche Zusammenleben zwischen Pilz und Alge führt dazu, dass Flechten stark auf Luftverschmutzung reagieren. Flechten besitzen keine speziellen Organe zur Aufnahme von Wasser. Sie nehmen über ihre gesamte Oberfläche Wasser mit den darin gelösten Näh- sowie Schadstoffen ungefiltert auf. Flechten können zur Bestimmung der Luftgüte eingesetzt werden, denn sie sind hervorragende Bioindikatoren. Mit Hilfe von Bioindikatoren lassen sich Veränderungen in unserer Umwelt dokumentieren und analysieren.

Schematische Darstellung einer Flechte im Querschnitt
(verändert nach BAYRHUBER et al., 2005)

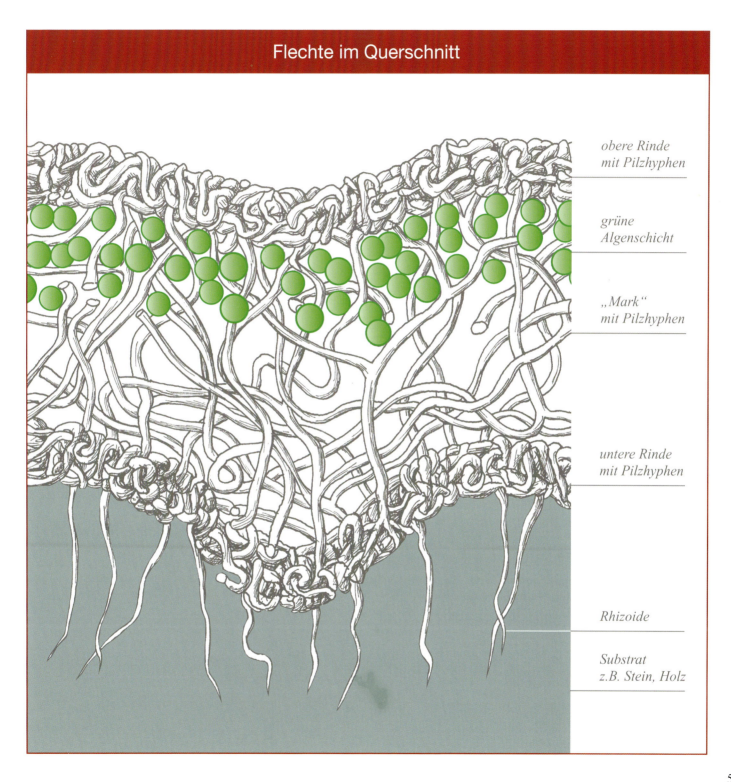

In der Ruhe liegt die Kraft
Flechten (Esther Boekee)

Durch die Symbiose von Pilz und Alge entsteht, abhängig von der jeweiligen Zusammensetzung der Partner, eine eigenständige konstante Form- und Farbausbildung, die keinem der Beteiligten ähnelt.

Es werden vier Formausprägungen unterschieden: Krusten-, Laub-, Strauch- und Gallertflechten. Diese Einteilung in Wuchsformen ist willkürlich und spiegelt keine Verwandtschaftsbeziehungen wieder. Die Krustenflechten sind fest mit der Unterlage verbunden und lassen sich nicht ablösen, ohne die Flechte zu beschädigen. Diese Form ermöglicht ein Wachstum an steilen Gesteinswänden, Mauern und auch auf Steinen.

Bei den Laub- oder Blattflechten ist der „Körper" flächig gestaltet (foliös); er liegt mehr oder weniger locker auf dem Untergrund. Sie zeigen sehr unterschiedliche Formvarianten und sind auf unterschiedlichstem Untergrund vorzufinden. Strauchförmige Flechten wachsen aufrecht vor allem auf Erde oder Fels; sie hängen aber auch von Bäumen, Totholz oder Felsen (Bart- oder Bandflechten) herab. Gallertflechten quellen bei Befeuchtung gallertartig auf und färben sich schwärzlich bis dunkel-oliv. Unter allen Flechten bilden die Gallertflechten eine Ausnahme. Hier hat der Pilz keine Blau- oder Grünalgen als Partner, sondern Cyanobakterien.

Aufgrund ihres langsamen Wachstums können Flechten nicht mit höheren Pflanzen konkurrieren. Sie können jedoch durch Zersetzung des Untergrundes neue Standorte, wie beispielsweise Gestein, erschließen. Allerdings dauert die Zersetzung durch diese Pionierpflanzen extrem lange. Dies liegt u. a. an dem langsamen Wachstum von Flechten. Der jährliche Zuwachs beträgt im Durchschnitt 0,1–10 mm. Allerdings können sie mehrere hundert Jahre alt werden. Es wurden sogar schon lebende 4.500 Jahre alte Exemplare gefunden. Bei den Flechten gilt das Motto: „In der Ruhe liegt die Kraft!"

Sehen wir genauer hin, entdecken wir Flechten nahezu überall, und sie begeistern uns mit ihrer Formenvielfalt und einer unglaublich reichhaltigen Farbpalette. Auch sind vor allem die Rentierflechten für den Menschen von großem Nutzen. Die wohl bekannteste Verwendung ist ihr Einsatz als Modelleisenbahnbäumchen oder Kranzschmuck. Auch beim Isländisch Moos (Cetraria islandica) handelt es sich um eine Flechte. Sie wird, wie die Lungenflechte (Lobaria pulmonaria), seit langem bei Halsentzündungen und Lungenerkrankungen eingesetzt.

Flechten bilden Substanzen, die nur in ihnen vorkommen. Diese sogenannten Flechten-Stoffe tragen zum einen zur charakteristischen Färbung bei und zum anderen sorgen sie für spezifische Eigenschaften, wie beispielsweise antibiotische Wirkung. Diese Wirkung machte man sich früher auch zum Konservieren von Brot zu Nutze.

An nährstoffreicher Borke von Bäumen oder auch an Steinmauern, Dachziegeln und Kalkstein wächst die Gewöhnliche Gelbflechte

Das Multitalent
Pilze

Pilze sind Pilze! Nicht Pflanze, nicht Tier …

Lange Zeit stellte man Pilze in das Pflanzenreich. Dafür sprach, dass Pilze sich nicht wie Tiere fortbewegen können und dass sie sich wie Farne und Moose mittels Sporen verbreiten. Den Pilzen fehlt aber das für Pflanzen entscheidende Blattgrün (Chlorophyll). Sie können also keine Fotosynthese betreiben und brauchen somit auch keine Sonnenenergie zum Leben. Aus ernährungsphysiologischer Sicht zeigt sich eher eine Verbindung zu den Tieren, da sie sich wie diese von organischem Material ernähren. Es gibt aber ein wesentliches Merkmal, das auch gegen die Zuordnung zum Tierreich spricht. Die Zellen, aus denen die Pilze aufgebaut sind, besitzen feste Zellwände, die wiederum den Tieren fehlen. Wissenschaftler ordnen die Pilze folglich in ein eigenes Pilzreich ein.

Was also steckt Besonderes hinter der Ernährung der Pilze? Pilze ernähren sich von Laub- und Nadelstreu, vom Holz lebender oder toter Bäume sowie Tierkadavern. Die „Verdauung" läuft außerhalb des Pilzes ab. Der Pilz gibt Verdauungsenzyme über sein Pilzgeflecht (Myzel) ab. Die Enzyme schließen das organische Material auf und das Myzel kann anschließend einen Teil der Nährstoffe aufnehmen. Die zurückbleibenden Mineralien stehen beispielsweise den Pflanzen (Produzenten von organischem Material) zur Verfügung. Pilze sind sozusagen Recyclingspezialisten und leisten als Zersetzer (Destruenten) einen wichtigen Beitrag zu einem funktionierenden Stoffkreislauf in der Natur.

Das Pilzgeflecht, bestehend aus Pilzfäden (Hyphen), breitet sich oftmals großflächig im Erdboden, in Holz oder in Laub- und Nadelstreu aus. Zumeist im Herbst entwickeln sich bei den Großpilzen die Fruchtkörper, die wir Menschen so gern verspeisen. Wenn wir auf Pilzsuche gehen, sammeln wir nur einen kleinen Teil von einem großen Pilzorganismus. Beim Sammeln ist es wichtig, zum einen nach dem Herausdrehen des Fruchtkörpers die Stelle mit Laub zu bedecken; so trocknet das Pilzgeflecht nicht aus. Zum anderen ist es gut, immer einige Pilze stehen zu lassen, damit die Verbreitung gesichert ist, denn in den Fruchtkörpern entwickeln sich die für die Verbreitung notwendigen Sporen.

Pilze zeigen sich als wahre „Multitalente". Zu der beschriebenen Zersetzertätigkeit, die wohl die wichtigste Funktion ist, kommt hinzu, dass Pilze als Schädlinge (Parasit) oder aber auch als Partner (Symbiont) auftreten können. Dabei haben die Schädlinge letztlich auch etwas mit der Zersetzung zu tun. Allerdings zersetzen parasitäre Pilze noch lebende Pflanzen (oder Tiere). Diese Pilze sind oft an Bäumen zu finden. Ist z. B. ein Baum durch einen parasitären Pilz befallen, kann dies zu Fäulniserscheinungen oder sogar zum Tod der Wirtspflanze führen. Nach dem Absterben der Pflanzen werden die parasitären Pilze oftmals auch zu Zersetzern. Symbiontische Pilze (Mykorrhiza-Pilze) wiederum spielen in Lebensgemeinschaften mit Bäumen eine wichtige Rolle. Besonders dort, wo Mineralstoffe schlecht zu erreichen sind, ist die Zusammenarbeit für beide Partner lohnend. Der Pilz versorgt die Pflanze mit Wasser und Mineralstoffen. Die Pflanze liefert dem Pilz Kohlenhydrate aus der Fotosynthese.

Glimmertintlinge am Baumstumpf und schwarze Hallimasch-Hyphen

Weltweite Vegetation
Zonobiom I bis IV

Betrachten wir die Vegetation der Erde, stellen wir fest, dass sich das Grün, je nach Standort, stark unterscheidet. Ob Wüste oder Tropenwald – eine wichtige Rolle spielt das Klima mit Temperatur und Niederschlag. Diese unterschiedlichen großklimatischen Verhältnisse teilte Heinrich Walter in sogenannte Zonobiome ein. Diesen Zonobiomen lassen sich die charakteristischen Pflanzenformationen (zonalen Vegetationen) zu ordnen.

Der tropische **Regenwald** (Zonobiom I), die „grüne Lunge der Erde", zieht sich am Äquator in einem breiten Band um die Erdkugel und bedeckt 11,5 % der gesamten Landoberfläche. Das Tageszeitenklima ist geprägt durch hohen Niederschlag und hohe Temperaturen. Der Regenwald (z. B. am Amazonas und am Kongo) besteht hauptsächlich aus immergrünen Pflanzenarten. Die Bäume bilden zumeist keine Jahresringe aus, da immer genügend Wasser und Wärme zum Wachstum vorhanden sind. Vorgänge, wie die Blüh- und Fruchtzeit oder der Laubfall richten sich nicht, wie bei uns, nach den Jahreszeiten, sondern folgen ihrem eigenen individuellen Rhythmus. Die Artenvielfalt ist enorm; hier leben mehr Pflanzen- und Tierarten als in allen anderen Lebensräumen der Erde zusammen. Für uns spielt diese Artenvielfalt auch als „grüne Apotheke" eine wichtige Rolle. Doch diese Biodiversität ist durch Holzeinschlag und Brandrodung gefährdet.

In den **sommergrünen tropischen Wäldern** und in der **Savanne** (Zonobiom II) zeigt sich ein ausgeprägter Wechsel in den Jahreszeiten. Es gibt Trockenzeiten mit kühleren Temperaturen und Regenzeiten mit wärmeren Temperaturen. Im direkten Anschlussbereich zum tropischen Regenwald zeigt sich der sommergrüne tropische Regenzeitwald, zudem auch Monsun- oder Passatwald gehören. Hier wachsen neben immergrünen Bäumen Baumarten, die in der regenärmsten Zeit ihr Laub abwerfen. Des Weiteren gehört der sich anschließende trockenkahle Wald, ein Saisonregenwald, zu diesem Zonobiom. Dieser Waldtyp ist allerdings durch die Nutzung des Holzes, wie beispielsweise Teak- und Mahagoniholz, stark reduziert worden. Die Savanne der tropischen Zone schließt sich im Grenzbereich zum nächsten Zonobiom an. Weite Graslandschaften, wie in der Serengeti, prägen sie. Die ca. fünf Monate dauernde trockene Jahreszeit lässt keinen Wald aufkommen.

In den subtropischen **Wüsten** und **Halbwüsten** (Zonobiom III) liegt die Verdunstung um ein Vielfaches über dem Niederschlag. Durch dieses trockene Klima ergeben sich große Wüstengebiete mit spärlicher Vegetation. Das größte Wüstengebiet erstreckt sich von der Sahara über die Arabische Halbinsel bis zu den indischen Wüsten. Das Wurzelsystem der wenigen Pflanzen ist flach ausgebreitet, um bei Regen die größtmögliche Ausbeute zu erzielen.

Die durch Frost beeinflussten subtropischen Gebiete der folgenden zwei Zonen sind von immergrünen Wäldern bestimmt. Das kleinste Zonobiom wird von **Hartlaubwäldern** (Zonobiom IV) im mediterranen Klima gebildet, wobei davon die größte Fläche das Mittelmeergebiet einnimmt. Diese Vegetationszone ist Winterregengebiet und durch zeitweilige Dürre bzw. seltenen Frost bestimmt.

Pflanzliche Bewohner der Namib-Wüste – *Welwitschia mirabilis*

Weltweite Vegetation
Zonobiom IV bis IX

In Hartlaubwälder, die den Übergangsbereich zwischen der tropischen und außertropischen Zone bilden, hat das Feuer für die Vegetation eine wichtige Erneuerungsfunktion. Pflanzen, wie die australische Banksia, öffnen ihre Zapfen unter Feuereinwirkung, während Mammutbäume erst nach einem Feuer mit der Vermehrung beginnen. Die natürlichen Ökosysteme verwandelte der Menschen jedoch in Kulturland (Dauerkulturen, wie Oliven- und Weinanbau) und am Mittelmeer sind die ursprünglichen Hartlaubwälder aus Steineiche *(Quercus ilex)* weitgehend zerstört.

Die zweite frostbeeinflusste Zone ist der **immergrüne Lorbeerwald** (Zonobiom V), der ebenfalls warmtemperiert, aber regenreicher ist als die Hartlaubwaldzone. Die zumeist an den Westküsten gelegenen Wälder werden aufgrund ihrer Artenvielfalt auch tropische Regenwälder auf nichttropischem Gebiet genannt. Im feuchten Lorbeerwald wachsen in Neuseeland Südbuche und Baumfarn, in Südwestaustralien Eukalyptus und in Chile die Araukarien.

In der folgenden Vegetationszone, die des **sommergrünen Laubwaldes** (Zonobiom VI), sind wir zu Hause. Die gemäßigte Zone ist charakterisiert durch Jahreszeiten, die im Winter Frost und im Sommer genügend Regen aufweisen. In der vier- bis sechsmonatigen Vegetationszeit können die Laubbäume reichlich produktives Blattwerk ausbilden, welches im Winter jedoch wieder abgeworfen wird. Im Holz der Bäume zeigen Jahresringe den Temperaturwechsel zwischen Winter und Sommer an. Die größte Ausdehnung haben die sommergrünen Laubwälder auf der Nordhalbkugel. Allerdings ist die natürliche Waldvegetation durch die Kultivierung für Land- und Forstwirtschaft nahezu vollständig vernichtet.

Die **winterkalten Steppen, Halbwüsten und Wüsten** (Zonobiom VII) sind waldfreie Steppen bzw. baumlose Grasländer (Prärie, Pampas) der gemäßigten Klimazone. Die Konkurrenz des Grases ist so hoch, dass sich hier keine Bäume ausbreiten können, obwohl sie auf den fruchtbaren Schwarzerdeböden gut gedeihen würden.

Nur in der Nordhemisphäre befinden sich die ausgedehnten borealen Nadelwälder (Zonobiom VIII), die Taiga. Hier ist die Vegetationszeit für Laubbäume zu kurz und die Winter sind durch den langanhaltenden Frost zu trocken. Nadelwälder setzen sich hier durch. Dank ihrer gut an die Wintertrockenheit angepassten Nadeln überstehen die Nadelbäume, wie Fichte und Kiefer, den Winter gut. Die immergrünen Bäume können mit steigenden Temperaturen direkt mit der Fotosynthese beginnen. Laubbäume müssen erst einmal ihr Blattwerk entwickeln, bevor sie produktiv werden können. Lange Zeit blieben diese Wälder unangetastet, doch mittlerweile werden sie vom Menschen durch die Erdölgewinnung, den Holzeinschlag sowie den Torfabbau im großen Stil dezimiert.

Zwischen den ausgedehnten Nadelwäldern und dem Nordpol liegt die arktische Tundra (Zonobiom IX). Die extrem kurze Vegetationszeit und Kälte drängen den Nadelwald zurück und die Waldgrenze wird erreicht. Flechten und Moose bestimmen die Pflanzenwelt und die vereinzelt auftretenden Bäume verbreiten sich nur vegetativ, da die wenigen keimfähigen Samen meist auch noch von den Tieren gefressen werden.

Baumfarne in der neuseeländischen Lorbeerwaldzone

Lebendige Denkmäler
Tausendjährige Eichen und Gerichtslinden (Lina Marie Birwe)

„Wo wir uns finden wohl unter Linden ..." – Unzählige Bräuche, Sagen, Legenden und Lieder ranken sich um besonders eindrucksvolle Baumriesen und dokumentieren die enge Beziehung zwischen Menschen und Pflanzen. Auch heute noch erinnern viele alte Bäume an kulturhistorische Begebenheiten und stellen ein Zeugnis der Geschichte unserer Heimat dar.

Schon die Germanen betrieben einen religiösen Baumkult. Damals wurde beispielsweise die Eiche dem Donnergott Thor zugeordnet; die Linde galt als Baum der Liebes- und Glücksgöttin Freya. Aufgrund dieser mythologischen Bedeutung hielten die Germanen ihre Volks- und Gerichtsversammlungen meist unter sogenannten Gerichtslinden ab. Man ging davon aus, dass es aus Angst vor dem Zorn Freyas niemand wagen würde, unter einer Linde zu lügen. Zudem erhofften sich die Angeklagten auch ein „gelindes" Urteil.

Im Mittelalter hatte jedes Dorf seine Dorflinde, die den Mittelpunkt des gesellschaftlichen Lebens darstellte. Unter ihr wurde ebenfalls Gericht gehalten, aber auch gefeiert, getanzt und auf Brautschau gegangen. Sogenannte Tanzlinden trugen sogar in mehreren Metern Höhe ein Podest, auf dem manchmal sogar Musiker und Tänzer Platz fanden. Heute sind diese besonderen Bau(m)werke beispielsweise noch in Rheine und Hörstel erhalten. Im Rahmen der Christianisierung fand ein Wandel in der Widmung der den germanischen Göttern geweihten Bäume statt: aus der „Freya-Linde" wurde die „Marienlinde". Die etwa 770-jährige Marienlinde in Telgte wurde zur Feier der Stadtgründung gepflanzt und ist so Zeuge der gesamten Stadtentwicklung geworden. Nach einer alten Sage ging das Telgter Gnadenbild aus dieser Linde hervor, weswegen sie auch heute noch ein Anlaufpunkt für Wallfahrer ist. Unter den Pilgern war es früher üblich, ein Lindenblatt in das Gebetbuch zu legen. Da in der Vergangenheit Tausende von Besuchern diesem Brauch nachgingen, hat die Marienlinde mit Sicherheit gelitten. Auch das Kampieren und das Feuermachen in ihrem Hohlraum hinterließen Spuren.

Ein Zeugnis der westfälischen Femegerichte des 13. und 14. Jahrhunderts stellen die Feme-Eichen dar. Unter ihnen fanden heimliche Gerichte statt, die das Recht zur Verhängung der Todesstrafe besaßen. Unter der vermutlich über 1.000 Jahre alten Feme-Eiche von Erle, die einer der ältesten Bäume Deutschlands ist, wurde sogar bis 1589 Gericht gehalten. Im Jahr 1851 hat angeblich der Münsteraner Bischof Bernard Georg Kellermann an einem Tisch in dem Hohlraum der Feme-Eiche von Erle gespeist. Eine weitere Bedeutung kam Eichen zu, die gezielt als Grenzmarkierung gepflanzt wurden. Auch diese Grenz-Eichen sind oft heute noch Teil unseres Landschaftsbildes.

Heute sind einige dieser imposanten Bäume mit heimatkundlicher und landschaftsgeschichtlicher Bedeutung als besondere Landschaftselemente unter Naturschutz gestellt. Mit verschiedenen Methoden wie Stützen, Umzäunungen oder sogar „Baumchirurgie" wird versucht, diese einzigartigen Naturdenkmäler noch möglichst lange zu erhalten.

Marienlinde von Telgte in den 1930er Jahren

Pflanzenwelten

Menschen

Pflanzen

Geschichten

von Bernd Tenbergen

historisches

Schon immer haben sich Menschen für Pflanzen interessiert, sei es als Nahrungsquelle, Heilpflanze oder aufgrund ihrer exotischen Schönheit.

Die botanische Vielfalt ist dabei für den Laien nur schwer zu überblicken und die Bestimmung der Arten ist ohne geeignete Hilfsmittel nicht möglich. Früh begann man damit, Pflanzen zu sammeln, ihre typischen Merkmale und Nutzungsmöglichkeiten darzustellen und sie taxonomisch zu erforschen.

Bei einer Reise durch die Geschichte der floristischen Erforschung Westfalens und der Welt werden einige Pflanzensammler und bemerkenswerte Pflanzenfunde kurz vorgestellt. Kräuterbücher, Illustrationen und gepresste Pflanzen in Herbarien erzählen Geschichten von Forschern und Abenteurern. Diese Menschen haben dazu beigetragen, dass die Pflanzenwelt unserer Gärten und Fensterbänke heute voller exotischer Schönheiten und gezüchteter Merkwürdigkeiten sind.

Fuchsia magellanica, Kupferstich aus CURTIS'S Botanical Magazine, benannt zu Ehren von Leonhart Fuchs

Pflanzen und Geschichte(n)
Ein Blick zurück

Pflanzen, Pflanzennamen und Pflanzenbilder haben Eingang in fast alle Bereiche der menschlichen Kultur gefunden. Die blühende Pflanze, d. h. die Blume, hat dabei die Menschen zu allen Zeiten besonders beeindruckt. So sprechen wir „durch die Blume" und sagen „unverblümt" unsere Meinung. Blumen spielen eine wichtige Rolle, wenn Gefühle ausdrückt werden sollen, wenn freudige oder auch traurige Botschaften zu überbringen sind. Ihr Duft weckt Erinnerungen, ihre Farben werden mit bestimmten Eigenschaften verbunden. Rosen gelten seit Jahrhunderten als Zeichen der Liebe und der Zuneigung, weiße Lilien verkörpern Reinheit und Unschuld, blaue Blumen versprechen Treue und Romantik.

Bereits Aristoteles, der eine Hierarchie des Lebendigen aufgestellt hatte, sah die „unbeweglichen" Pflanzen als Mittler zwischen unbelebter Natur und den Tieren. Ihnen gestand er eine spezifische Pflanzenseele und göttliche Kräfte zu. Schon seit frühester Zeit beschäftigten sich die Menschen mit den Pflanzen und ihren positiven wie negativen Eigenschaften. Von der Wirkung aus betrachtet lag nahe, dass göttliche Einflüsse am Werk sein müssen, die über die Pflanzen Einfluss auf die Menschen nehmen.

Bereits im alten Ägypten glaubte man, dass in dem Duft der Blumen göttliche Kraft steckt und dass man mit dem Einatmen des Duftes diese Kraft aufnehmen könne. So wuchsen in künstlichen Teichen an Privathäusern und Tempeln, in dem ansonsten sehr kargen Ägypten, zahlreiche Pflanzen, die als Sträuße und Girlanden die Festtafeln und Festgäste schmückten und die Menschen auf ihrem Weg ins Jenseits begleiteten.

Nachdem Caesar das Land am Nil erobert hatte, kamen römische Naturphilosophen in das Land. Diese waren sehr beeindruckt von dem „betäubenden Blumenduft, der das ganze Land beherrschte" und befürchteten, dass die intensiven Düfte ihren Kopf benebeln und ihr Urteilsvermögen allzu sehr beeinträchtigen könnten.

Sehr früh haben sich auch die Griechen um eine systematische Erfassung und Beschreibung der Pflanzen bemüht. Viele heute latinisierte botanische Namen gehen daher auf griechische Bezeichnungen zurück. Von den Griechen stammen auch die Gepflogenheiten mit Blütenkränzen aus Myrten und Ölblättern militärische Triumphe oder politische Funktionen hervorzuheben. Ölbaum, Sellerie und Lorbeer verkündeten sportliche Erfolge. Lorbeerkränze wurden auch Poeten und Künstlern überreicht. Gäste festlicher Gelage erhielten neben Kränzen auch Veilchen, Lotus, Hyazinthen und Rosen. Insgesamt war der Verbrauch an Blumen so groß, dass bereits zu dieser Zeit Handelsgärtnereien existiert haben, um den enormen Bedarf zu decken.

Mit Aphrodite, der „veilchenbekränzten" Göttin der Liebe, hatten die Griechen zugleich eine viel verehrte Göttin der Blumen und Gärten.

Eichbaum als symbolträchtige Silbermünze aus der Weimarer Zeit

Pflanzen und Geschichte(n)
Ein Blick zurück

In der römischen Religionsgeschichte war es die Göttin Flora, die als Beschützerin der Gärten zu den ältesten verehrten Göttern gehörte. Mit der „Floralia" feierten die Römer jeweils vom 28. März bis zum 3. Mai ein heiteres Frühlingsfest, bei dem der Fruchtbarkeit aller Lebewesen gehuldigt wurde. Während der römischen Kaiserzeit wurde ein enormer Luxus mit Blumen getrieben. Mit duftenden Safranblüten und Rosenblättern wurden ganze Räume ausgelegt. Mit dem Untergang des römischen Imperiums um 550 verschwand in Europa für einige Jahrhunderte auch die Blumenkultur. Die frühen Christen sahen Blumen als Sinnbild für eine „dekadente" heidnische Kultur an und begegneten der Blumenverehrung mit großem Misstrauen. Dies änderte sich erst allmählich wieder mit Karl dem Großen, der für seine Burgen und Gehöfte einen Grundbestand an Heil- und Nutzpflanzen forderte und damit die Grundlage der europäischen Gartenkultur schuf. Auf seinen Feldzügen lernte er in Spanien die arabischen Gärten der Mauren kennen, die den Pflanzen ganz besondere Bedeutung zusprachen. Beispielsweise soll „die Rose aus dem Schweißtropfen Mohammeds entstanden sein, der während seiner islamischen Reise aus seiner Augenbraue fiel." Die Schönheit einzelner Pflanzen ist im Islam ebenso wie in der späteren christlichen Natursymbolik als Sinnbild für den Geist Gottes zu verstehen. Die Schönheit der Natur wurde zum irdischen Paradies erklärt und beispielsweise die Klostergärten galten als ein Beweis für die göttliche Schöpfung der Welt.

Bis zum 16. Jahrhundert hat sich die Pflanzenwelt, die die Menschen in Mitteleuropa kannten, wenig verändert. Aber im Jahr 1556 kommen mit den Prachtzwiebeln aus dem Orient, vor allem der **Tulpe**, Neuerungen auf, die die europäischen Gärten grundlegend veränderten. Fast gleichzeitig folgten die unzähligen Pflanzen aus der „neuen Welt" und die Botanik als Wissenschaft etablierte sich. Sie machte sich von der Medizin, der sie bis dahin unterstellt war, unabhängig und in Blumenbüchern versuchte man, die vielen neuen Pflanzen vorzustellen.

Der Blick in die Geschichte der Beziehung zwischen Menschen und Pflanzen zeigt, wie vielfältig dieses Miteinander war. Da moderne Speichermedien und Bestimmungshilfen in der Vergangenheit fehlten, war ein genaues Beobachten, Zeichnen und Dokumentieren erforderlich. Holz- und Kupferstiche sowie reich kolorierte Kräuterbücher und Gemälde zeugen von dieser besonderen Beobachtungsgabe. Der Wunsch der Menschen, nicht nur exotische Pflanzen zu finden und sie in Haus und Garten zu kultivieren, sondern auch die heimische Pflanzenwelt der Umgebung zu dokumentieren, mündete in der floristischen Erforschung einzelner Regionen, die auch heute noch ihre Berechtigung hat.

Tulpe als Modepflanze und Spekulationsobjekt

Pflanzenzeichnungen und Heilkunde
Alte Kräuterbücher

Kräuterbücher wurden ursprünglich mit dem lateinischen Wort „herbarius" bezeichnet. Im Mittelalter war damit sowohl der Kräuterkundige als auch der Kräutergarten und das Kräuterbuch gemeint. Pflanzenzeichnungen gehörten zum notwendigen Bestand von Kräuterbüchern, da eine eigene botanische Fachsprache zur differenzierten Benennung der einzelnen Pflanzenteile, ebenso wie andere Bestimungshilfen, fehlten. Naturforscher wie Leonhart Fuchs (1501–1566), einer der bedeutendsten Ärzte und Botaniker seiner Zeit, verpflichteten daher ausgebildete Künstler zur naturgetreuen Nachbildung der Pflanzen. Ein Kräuterbuch mit dem Titel *„De historia stirpium"* und 517 Holzschnitten erschien im Jahr 1542. Es zählt zu den hundert wichtigsten Büchern, die die Welt verändert haben, und ist in einer großen Anzahl von Übersetzungen und Bearbeitungen erschienen.

Bemerkenswert an Leonhart Fuchs Kräuterbuch ist, dass er in seinem Werk nicht nur sich selbst, sondern auch seine botanischen und künstlerischen Mitarbeiter zeigt. Zu sehen sind rechts Albert Meyer, der Pflanzen auf Papier zeichnet. Links daneben überträgt Heinrich Füllmaurer die Zeichnungen auf einen geschliffenen Block aus Birnenholz. Veit Rudolph Speckle hält ein Messer in der Hand und wartet darauf, die Holzschnitte anzufertigen.

Holzschnitt aus der Zeit von Leonhart Fuchs

Die meisten Zeichnungen und Holzschnitte von Fuchs und seinen Mitarbeitern sind heute zerstört oder verschollen. Ein kleiner Bestand von 23 auf Birnenholzplatten als Vorbereitung für den Holzschnitt umgezeichneten Pflanzendarstellungen ist jedoch in der Universität Tübingen erhalten geblieben.

Die Intention dieses und anderer Kräuterbücher jener Zeit war es, das antike Wissen über Heilpflanzen zu erschließen. Später kamen zunehmend eigene Beobachtungen der Autoren dazu und mit der Weiterentwicklung der Buchdruckerkunst erfreuten sich viele Kräuterbücher einer großen Beliebtheit in Klöstern, Herrscherhäusern und später bei Apothekern und Ärzten.

Füllmaurer, Meyer und Speckle, drei Pflanzenillustratoren des Mittelalters, die zusammen mit Leonhart Fuchs das berühmteste Kräuterbuch (1542) des Mittelalter zusammengestellt haben

Pflanzenwissen vom Altertum bis in die Neuzeit
Das Kräuterbuch des Pedanios Dioscurides

Westfälischen Wilhelms-Universität Münster befindet sich ein künstlerisch gestaltetes Kräuterbuch aus dem Jahr 1614, das in seinem Inhalt auf den in aller Welt berühmtesten griechischen Arzt Pedanios Dioscurides aus Anazarbaeus (Anazarba in Kilikien, Kleinasien) zurückgeht. Der Text des Titelblatts lautet weiter:

Von allerlei wohlriechenden Kräutern / Gewürzen / köstlichen Ölen und Salben / Bäumen / Harzen / Gummi / Getränken / Kochkräutern / scharfschmeckenden Kräutern / und anderen / so allein zur Arznei gehörig Kräuterwein / Metallen / Steinen / allerlei Erden / allem und jedem Gift / viel und mancherlei Tieren und derselbigen heilsamen und nutzbaren Stücke. In sieben sonderbaren Bücher und erschieden. Erstlich durch Johann Danz von Ast / dem Arznei-Doctor verdeutscht / Nunmehr aber von Peter Uffenbach – bestelltem Medico zu Frankfurt Auf sneue durchgesehn / verbessert / in eine richtige Form gebracht / und mit allerlei lebhaften Figuren verziert / Ergänzt durch zwei Bücher vom wohlerfahrenen Wundarzt Hieronymus Braunschweig / Von der Kunst des Destillierens und dann dem heilsamen und vielfältigen Gebrauch aller und jedem destilliertem Wasser.

Gedruckt zur Frankfurt am Main / durch Erasmus Kempffer / in Verlegung Conrad Corthois
Anno M. D. C. XIV.

Das Werk mit seinem lateinischen Text geht zurück auf den berühmten griechischen Arzt Pedanios Dioscurides, der es im 1. Jahrhundert n. Chr. verfasste. Er beschreibt in sieben Büchern alle bekannten Arzneimittel der alten Welt und die Wirkung von über 500 Pflanzen aufgrund eigener Anschauung und Erfahrung. Dieses Werk galt bis in das 17. Jahrhundert hinein als unumstößliche Grundlage der Arzneimittelkunde. Das Buch basiert auf einer Übersetzung von Johann Danz von Ast. Es wurde überarbeitet von Peter Uffenbach und ist künstlerisch gestaltet; die vielen Abbildungen sind nach dem Druck handkoloriert worden.

Das Kräuterbuch wird im gleichen Werk ergänzt durch einen Beitrag von **Hieronymus Braunschweig**. Das innenseitige Deckblatt lautet:

Kunst des Destillierens, oder Destillierkunst des wohlerfahrenen Hieronymus Braunschweig, eines Chirurgen oder Wundarztes aus Straßburg. Ein Buch in dem beschrieben wird, nicht allein die unterschiedliche Art und Weise zu destillieren sondern auch die dazugehörigen Gefäße und in welcher Weise gestaltet / und wie lange ein destilliertes Wasser vorrätig gehalten werden kann.
Vor vielen Jahren / von jenem dem Autor selbst in Druck gefertigt und in 2 verschieden Büchern unterschieden.
Wiederum aufs Neue durchgesehen / mit schönen Figuren in Kupfer verziert / von alle Irrtümern befreit / und mit besserem Deutsch versehen.

Über das Leben des Hieronymus Braunschweig ist wenig bekannt. Er war um 1500 als Wundarzt vor allem in Straßburg zeitweilig auch in Köln tätig. Seine Destillierbücher dienten im 16. Jahrhundert als verbreitete Lehr- und Anleitungsbücher für die Apothekern, Badern und medizinischen Laien.

Titelbilder und Pflanzendarstellungen des Kräuterbuchs aus dem Jahr 1614, das in seinem Inhalt auf den griechischen Arzt Dioscurides zurück geht

Schröders „Artzneyschatz"
Pharmazie und Heilkunde im 17. und 18. Jahrhundert

Johann Schröder (1600–1664), der aus Salzuflen stammt, verfasste mit dem „Artzneyschatz" das erste Arzneibuch in deutscher Sprache und schuf damit das wichtigste Standardwerk der deutschen Medizin des 17. Jahrhunderts. 1641 erschien, erstmals in Ulm herausgegeben, der „Artzneyschatz" und war über 100 Jahre mit großem Erfolg in Gebrauch. Ein wissenschaftlich-pharmazeutisches Werk als ärztlichen Leitfaden in der Volkssprache herauszubringen war damals keine Selbstverständlichkeit. Das Lager der Ärzte war gespalten. Die „Lateiner" waren auf Standessicherung bedacht, während die Praktiker sich vor allem auch der armen Bevölkerung verpflichtet fühlten. Mit der Übersetzung der ursprünglich lateinischen Ausgabe nicht nur ins Deutsche sondern auch ins Englische und Französische betrat Johann Schröder Neuland und der Erfolg gab ihm und seinem späteren Bearbeiter Friedrich Hoffmann recht; es erschienen mehr als 20 Ausgaben im In- und Ausland.

Johann Schröders „Artzneyschatz", der sich in fünf Bücher gliedert, umfasst mehr als 1.500 Seiten und enthält 48 Kupfertafeln, davon 44 mit Pflanzendarstellungen. In diesem heute seltenen Buch können die unterschiedlichen Strömungen der Pharmazie in dieser Zeit festgestellt werden. Es war einerseits die Zeit, in der die moderne, experimentelle Naturwissenschaft immer mehr Raum einnahm, andererseits spielte der Aberglaube noch eine wichtige Rolle. So führte Johann Schröder, der zwischen beiden Denkweisen stand, u. a noch 24 Arzneimittel gegen sogenannte „Zauber-Krankheiten" auf.

Ausschnitt aus einer der 44 Kupfertafeln

Johann Schröder war ein treuer Anhänger des zu seiner Zeit als revolutionär empfunden Arztes und Alchemisten Paracelsus (1493–1541). Schröder übernahm etliche paracelsischen Ansichten in seinen „Artzneyschatz", obwohl diese am Ende des 17. Jahrhunderts schon nicht mehr zeitgemäß waren. Der spätere Bearbeiter von Schröders „Artzneyschatz", Friedrich Hoffmann aus Halle, korrigierte manche „veraltete" Ansichten. Einige abergläubische und wissenschaftlich nicht haltbare Sichtweisen seiner Zeit behielt er aber unkritisch bei. Bei den Themen Medizin, Astrologie, Edelsteintherapie und arabische Kräutermedizin sowie Zauberei und Hexenwesen kann man sehr gut die unterschiedlichen Strömungen in der Pharmazie des 17. Jahrhunderts verfolgen.

Auch wenn heute die pharmazeutische Chemie in der medizinischen Heilkunde dominiert, so ist dennoch interessant zu sehen, welche lange Tradition medizinische Nebenwege haben, seien es nun homöopathische Mittel, Aroma- und Farbtherapie, Bachblüten oder die unterschiedlichsten Heilkräuteranwendungen.

Schröders „Artzneyschatz", Ausschnitt aus dem Titelblatt in der dritten deutschen Auflage

81

Frauensache?
Kräuterweiber, Heilerinnen und Weise Frauen

Die Benediktinerin Hildegard von Bingen (1098–1179) gilt heute als eine der bedeutendsten Frauen des Mittelalters. Für viele Menschen wurde sie wegen ihres Glaubens und ihrer Lebensart zu einer Wegweiserin. Sie verfasste u. a. auch Abhandlungen zur Biologie und Medizin. Diese naturkundlichen Werke zählen heute zu den (mehr esoterisch orientierten) Standardwerken der Naturheilkunde. Eine der Leistungen Hildegard von Bingens war, dass sie das damalige Wissen über Pflanzen aus der griechisch-lateinischen Tradition mit der Volksmedizin zusammenbrachte und erstmals die volkstümlichen Pflanzennamen nutzte. Mit ihrem Ziel, das historische, in lateinischer Sprache dokumentierte Wissen über die Heilkunde auch an die Bevölkerung weiter zu geben, stand sie aber weitgehend allein. So kam es zu zwei parallel laufenden Strömungen in der Pflanzenkunde, einerseits das Klosterwissen und andererseits das mündlich überlieferte volkstümliche Wissen.

Folglich stammt Wesentliches unserer Heil- und Pflanzenkunde nicht nur aus den Klöstern, sondern von einfachen, scheinbar ungelehrten, einsichtigen Menschen, die dieses Wissen über viele Generationen bis in die Neuzeit getragen haben. Es waren „Weise Frauen", sogenannte „Kräuterweiber und Heilerinnen", die man allgemein als „Wurzelkundige" verehrte. Wurzel hatte dabei nicht die heutige Bedeutung, sondern die „Wurz" war das heilkräftige Pflanzenwesen, das sich noch heute im Namen vieler Heilkräuter findet: Haselwurz, Nelkwurz, Meisterwurz, Nieswurz. So sind die Anfänge der Kräuterkunde in jenen Zeiten zu finden, als es noch üblich war, die Pflanzenseelen zu befragen. Weise Frauen, Kräuterweiber und Heilerinnen erkannten instinktiv die verborgenen Eigenschaften der Pflanzen.

Insbesondere in bäuerlichen Gesellschaften waren es die Frauen, die sich mit den Pflanzen im Allgemeinen und speziell aber mit den Heilpflanzen beschäftigten. Durch das tägliche Miteinander lernten die Töchter von den Müttern und Großmüttern, wo und zu welcher Jahreszeit die besten „Wurzeln" wuchsen und welche Heilkraft in den Pflanzen ruhte. Dieses Kräuterwissen wurde beim Wäschewaschen, in der Spinnstube oder auch in Märchen, Reimen und Wiegenliedern weitergegeben.

In unserer abendländischen Kultur hat daher die Frau als Hüterin der Geheimnisse um das Wohl der Menschen einen festen Platz. „Weise Frauen" hatten aufgrund ihrer engen Bindung an Garten und Natur eine beherrschende Stellung im Gesundheitswesen des Mittelalters und die meisten heilkundigen Frauen waren Ärztin, Pflegerin, Ratgeberin und Hebamme in einer Person. Gerufen wurden sie bei Krankheiten und Entbindungen und es gab kaum ein körperliches oder seelisches Leiden, bei dem sie keine Abhilfe schaffen konnten. Kräuterweiber waren die besten Pflanzenkenner ihrer Zeit. Sie kannten die Standorte sehr seltener und begehrter Arten. Auch wussten sie genau, wann und wie diese gepflückt werden mussten, damit sich ihre Wirkung am besten entfalten konnte.

Frauen im Garten,
Titel der zweiten Ausgabe von Strabos „Hortulus", Nürnberg 1512

Frauensache?
Kräuterweiber, Heilerinnen und Weise Frauen

Eine Hebamme hatte bis zu 100 verschiedene pflanzliche Mittel, die sie verabreichte. Sie beherrschte damit die Geburtenkontrolle, hütete die Geheimnisse der Geburtshilfe und wusste um die natürlichen Mittel zur Abtreibung oder Schwangerschaftsverhütung. Den „Kräuterweibern" waren aber auch die beruhigende Wirkung von Hopfen, die entzündungshemmende Wirkung von Salben und die einschläfernden Wirkstoffe des Mohn bekannt. Bei allem überlieferten Wissen dieser Volksmedizin war aber auch immer viel Magie dabei, denn bestimmte Phänomene blieben unerklärlich.

Zur gleichen Zeit wurden in den Klöstern weit verbreitet Nutz- und Heilpflanzen angebaut. Mit der Kunst der ländlichen Pflanzenkennerinnen konnten die Kleriker jedoch nie konkurrieren. Dies betraf vor allem die Betreuung der Schwangeren, die über lange Zeit aus einsichtigen Gründen fast ausschließlich bei den heilkundigen Frauen lag. Die Betreuung der werdenden Mütter und die Verabreichung krampflösender Tees und wehenfördernder Tinkturen fand vielerorts nicht die Zustimmung des Klerus, denn die Kirchenväter postulierten, „dass eine Geburt unter Schmerzen vonstatten gehen sollte". Die Kunst der Hebammen wurde häufig als Blasphemie ausgelegt.

Kräuterweiber waren als „Vermittler" zwischen Natur und Kultur bei ihren Mitmenschen geachtet und wurden verehrt. Ihr außergewöhnliches Wissen verschaffte ihnen Bewunderung und Respekt, denn *„wer um die guten Kräuter wusste, der wusste auch um die schlechten ..."*.

„Weise Frauen" lebten auch immer gefährlich, denn bereits im 14. Jahrhundert erklärte die Kirche *„eine Frau, die sich anmaß zu heilen ohne studiert zu haben, für eine Hexe und sie müsse somit sterben. Heilen sei generell ein Übel, außer die Kirche selbst kuriere oder die Ärzte selbst handelten unter den wachsamen Augen eben dieser."* Wenn nun aber ein studierter Arzt (nur Männer hatten das Recht zur Ausübung des Berufs), der auch dazu die erforderlichen Lizenzen hatte, einem Patienten nicht helfen konnte, die Heilung aber mit Hilfe eines „Kräuterweibes" gelang, so war offensichtlich Magie im Spiel.

Diese Frauen wurden dann oftmals allein aus Missgunst als Hexen tituliert und endeten auf dem Scheiterhaufen.

Als die Zeit der Hexenverfolgungen nach langen Jahren ein Ende fand, waren von den „Kräuterweibern" nur noch wenige übrig geblieben. Es wehte der kühle Wind der Aufklärung und in der Botanik begann sich die Lehre von Carl von Linné (1707–1778) durchzusetzen. Für den „Geist von Pflanzen" war in diesem System ebenso wie in der zunehmend chemisch ausgerichteten Medizin kein Platz mehr. Erst in jüngerer Zeit ist es zu einer Wiederentdeckung von Heilkräutern durch alternative Medikationen und Reformhäuser gekommen.

Mohn und Wegerich, zwei alte Heilpflanzen

Der Blumenkönig
300 Jahre Carl von Linné

Im Jahr 2007 jährt sich der 300. Geburtstag des 1707 im schwedischen Råshult als Carolus Linnaeus geborenen berühmtesten Botanikers, der als „Blumenkönig" in die Wissenschaftsgeschichte eingegangen ist. Als junger Mann reiste **Carl von Linné**, wie er später genannt wurde, durch Skandinavien und weitere Teile Europas. 1741 wurde er Professor für Medizin und Botanik an der Universität in Uppsala. Seine botanischen Vorlesungen und naturkundlichen Exkursionen waren sehr beliebt, so dass viele Studenten nach Uppsala kamen.

Viele seiner Schüler schickte Linné in fremde Länder, um dort die exotische Flora zu erforschen und um Objekte für Naturalienkabinette, die Vorläufer der heutigen Naturkundemuseen, zu sammeln. Als Dank für die Teilnahme an den zum Teil gefährlichen Forschungsexpeditionen, von denen einige seiner Schüler nicht lebend zurückkehrten, und als Anerkennung für die vielen mitgebrachten Pflanzen, benannte Linné besonders schöne Pflanzenarten und wissenschaftlich interessante Gattungen nach seinen „Aposteln", wie seine Schüler auch genannt wurden.

In Linnés Pionierwerk *Systema naturae* (1735), das in der ersten Auflage nur 14 Seiten umfasste, erklärte er die Grundprinzipien der noch heute gültigen botanischen Klassifikation. Diese grandiose Bestandsaufnahme des Mineral-, Pflanzen- und Tierreichs der Erde, die in den folgenden Auflagen bis auf 6.000 Seiten anwuchs, machte ihn in der gelehrten Welt schlagartig berühmt. So kam es auch, dass seine Zeitgenossen über ihn sagten: „Gott habe die Welt geschaffen, aber Linné habe sie geordnet."

Ein wesentlicher Bestandteil der klassifikatorischen Leistung Linnés war, dass er die Geschlechtlichkeit der Pflanzen zur Grundlage einer für die damalige Zeit ganz neuen Systematik machte. Aufgrund der Anzahl ihrer Staubgefäße und Stempel teilte Linné alle ihm bekannten Pflanzen in Klassen und Ordnungen ein. Diese Einfachheit war die Stärke des Systems, da alle Pflanzen eingeordnet und wiedergefunden werden konnten. Schon bald waren alle älteren, schwer überschaubaren Klassifizierungssysteme verdrängt und Linné übertrug dieses Grundprinzip auch auf die Systematik des Tier- und Mineralreichs.

In Linnés Meisterwerk „*Species plantarum*" (1753) beschrieb er alle damals bekannten 8.000 Pflanzen und gab jeder einen Namen, der aus zwei Teilen bestand, dem Gattungs- und dem Artnamen. Diese sogenannte **binäre Nomenklatur** bedeutete eine enorme Vereinfachung gegenüber früheren Pflanzenbeschreibungen, die aus umständlichen Beschreibungen des Aussehens und der Charakteristik der Pflanzen bestanden und von Botaniker zu Botaniker unterschiedlich waren. *Species Plantarum* ist auch heute noch das international anerkannte Fundament für die Namengebung in der Pflanzenwelt.

Linné vertrat lange die Auffassung, das die Arten und ihre Anzahl auf der Erde konstant seien. Er glaubte, dass eben Gott diese Arten geschaffen hat. Linné selbst bekam noch zu seinen Lebzeiten Zweifel an der Konstanz der Arten und räumte ein, dass durch Kreuzung auch neue Arten entstanden seien und weiter entstehen. Linné war es auch, der durch seinen Einfluss dafür sorgte, dass naturwissenschaftlicher Unterricht an allgemeinbildenden Schulen eingeführt wurde und dass Lehrer im Fach Naturkunde ein Prüfung ablegen mussten.

Reproduktion einer Tafel über Linnés Sexualsystem (1736)

Von Lemgo nach Japan
Engelbert Kaempfer, ein Westfale auf Weltreise

Von dem schwedischen Botaniker Carl von Linné weiß man, dass er die Deutschen nicht sehr mochte. Aber einen Mann lobte er immer wieder als den, der *„unter den Forschungsreisenden der Wissbegierigste von allen"* sei. So benannte er die dekorative Pflanzengattung der Gewürzlilien (*Kaempferia*) nach ihm. Es war der Arzt und Naturwissenschaftler Engelbert Kaempfer (1651–1716) aus Lemgo, der als einer der ersten Europäer Japan bereiste und dort viele Pflanzenarten, die bis dahin in Europa unbekannt waren, beschrieb und zeichnete.

Engelbert Kaempfer wurde am 16. September 1651 im westfälischen Lemgo geboren. Nach Aufenthalten in Hameln, Lübeck und Danzig studierte er im schwedischen Uppsala und machte sich durch besondere wissenschaftliche Arbeiten einen Namen. Im Alter von 30 Jahren wurde Kaempfer Angestellter des schwedischen Hofes. Als Legationssekretär einer schwedischen Gesandtschaft reiste er über Moskau weiter nach Persien. Von dort setzte er, nachdem er als Wissenschaftler eine neue Anstellung bei der Holländischen-Ostindischen-Kompanie (VOC) gefunden hatte, seine Reise über Indien, Ceylon, Java und China bis Japan fort, wo er 1690 ankam.

Japan war zu dieser Zeit so gut wie unbekannt. „Sakoku" lautet die langjährige Politik (1615–1867) dieses asiatischen Landes. Das japanische Wort „Sakoku" bedeutet so viel wie „Selbstisolierung". Christlichen Händlern und Missionaren war das Betreten des japanischen Landes verboten und es gab nur einen sehr stark eingeschränkten Außenhandel. Eine Ausnahme bildete die schwimmende Handelsstation Deshina im Hafen von Nagasaki, über die Japan Kontakt zum Rest der Welt hielt. Auf Deshina durften die Holländer ihren Handel treiben und so hielt sich auch Engelbert Kaempfer dort auf. Zusammen mit dem Oberaufseher der Handelsstation erhielt er die Gelegenheit zu zwei Reisen nach Edo (Tokyo), um dem dortigen Herrscher zu huldigen. Auf diesen beiden Reisen 1691 und 1692 fertigte Kaempfer naturgetreue Graphitzeichnungen von Pflanzen, z. B. Blutorange, Kamelie und Prachtlilie, an. Es sind die ältesten von Europäern angefertigten Pflanzenabbildungen aus Japan.

In Japan wurden in dieser Zeit bereits Ginkgo-Bäume (*Ginkyo*), die ansonsten wild nur in China vorkommen, an Tempeln angepflanzt. Kaempfer hat sie genauer studiert und gezeichnet. Der nach seiner Rückkehr nach Ostwestfalen im Jahr 1712 in der „Flora Japonica" veröffentlichte Kupferstich beruht auf Kaempfers Zeichnungen und gilt als erstes Zeugnis dieses in mehrfacher Hinsicht spektakulären Baumes. Kaempfer hatte in seiner japanischen Flora von 420 beschriebenen Pflanzen nur 28 Illustrationen drucken lassen können. Linné nannte in seinen *„Species plantarum"* (1753) 15 Pflanzenarten und in der zweiten, verbesserten Auflage von 1763 noch vier weitere. Schließlich beschrieb Linné im Jahr 1771 in dem Buch *„Mantissa plantarum"* auch den Ginkgo (eigentlich *Ginkyo*) und zitierte die unrichtige Schreibweise von Kaempfer, die dadurch bis heute Gültigkeit hat.

Erste Abbildung des Fächerblattbaum *(Gingko biloba L.)* aus dem Jahr 1712 nach einer Zeichnung von Engelbert Kaempfer

Lehrer, Ärzte, Apotheker
Floristische Erforschung Westfalens

Getrocknete und gepresste Pflanzen bleiben bei richtiger Lagerung, beispielsweise in Herbarien, über Jahrhunderte hinweg erhalten. So bilden diese wissenschaftlichen Sammlungen eine wichtige Grundlage für die floristische Erforschung eines bestimmten Gebietes.

Eines der ältesten deutschen Herbarien, das aus der Zeit von 1555–1592 stammt und über 700 Pflanzen umfasst, wurde von Caspar **Ratzenberger** (1533–1609) zusammengetragen und wird im Ottoneum in Kassel aufbewahrt. Die erste deutsche Flora, d. h. ein Verzeichnis der Pflanzenarten eines bestimmten Gebietes in der auch das LINNÉsche System seine Anwendung fand, war die 1761 veröffentlichte „Flora Halensis" von Friedrich Wilhelm von **Leysser** (1731–1815).

Herbarium, Botanisiertrommel und Bestimmungsbuch.

Die intensive floristische Erforschung Westfalens begann in der zweiten Hälfte des 18. Jahrhunderts. Nachdem es zunächst Ärzte und Apotheker waren, die sich mit der heimischen Pflanzenwelt beschäftigten, waren es zu Beginn des 19. Jahrhunderts zunehmend Lehrer, die die Erforschung der heimischen Flora und die Vermittlung botanischen Wissens vorantrieben. Hintergrund war, dass sich die Lehrpläne in den Schulen veränderten und Naturwissenschaften mehr Beachtung fanden. Davon profitierte auch sehr deutlich die floristische Erforschung Westfalens und das allgemeine Interesse an heimischen Pflanzen war sehr groß. Die Herbarien vieler westfälischer Botaniker der ersten Stunde befinden sich heute im LWL-Museum für Naturkunde in Münster.

Westfälische Pflanzen sind in größerem Umfang seit der Mitte des 18. Jahrhunderts erhalten geblieben und befinden sich zu einen großen Teil im **Herbarium** des LWL-Naturkundemuseums. Heute werden dort etwa 200.000 Herbarbelege für wissenschaftliche Zwecke aufbewahrt und dokumentiert. Die Pflanzenbelege, meist vollständig gekennzeichnet mit Name, Fundort, Sammler und Datum, stammen überwiegend aus Westfalen. Einige Sammlungen westfälischer Botaniker kommen aber auch aus anderen Regionen der Welt. Einige bemerkenswerte Sammler und Sammlungen sollen kurz vorgestellt werden:

Der deutsche Apotheker und Botaniker schweizerischer Herkunft, Friedrich **Ehrhart** (1742–1795) studierte von 1773 bis 1776 in Uppsala und war der letzte Schüler von Linné. Besonders fortschrittlich waren Ehrharts Beobachtungen über das Dickenwachstum der Pflanzen sowie über die Blütenbestäubung durch Insekten. Nach ihm wurde die Pflanzengattung *Ehrharta* benannt. Im Herbarium des Naturkundemuseums in Münster befinden sich einige Belege von Süßgräsern und Binsen, die er zu Linnés Zeit in der Umgebung von Uppsala gesammelt hat. Ehrhart, der nach seiner Rückkehr aus Schweden 1780 Hofbotaniker in Herrenhausen wurde, kam auf seinen Reisen von Hannover nach Holland auch des Öfteren durch das nördliche Westfalen. Er erfasste nach Linnés neuem Klassifizierungssystem westfälische Pflanzenfunde, sammelte Pflanzen für sein Herbarium und verfasste interessante Beschreibungen der Region und seiner Bewohner.

Pflanzenmodelle aus der botanischen Sammlung in Münster

Lehrer, Ärzte, Apotheker
Floristische Erforschung Westfalens

Zu den wertvollsten Sammlungen in Münster gehört das Herbarium des Arztes Johann Albert **Luyken** (1784–1867), der bereits als Schüler in der Umgebung von Detmold Pflanzen sammelte und diese Sammlung bei seinen zahlreichen Reisen durch Europa vergrößerte. Luyken traf bei seinen Reisen viele berühmte Botaniker und tauschte mit ihnen zahlreiche Pflanzenbelege. Diese Herbarbögen kamen, ebenso wie sein eigenes sehr umfangreiches Herbarium, im Jahr 1936 als Schenkung ins Naturkundemuseum nach Münster.

Die erste westfälische Flora, d. h. ein Verzeichnis der in Westfalen vorkommenden Pflanzen, erschien im Jahr 1837. Aber das bis heute wichtigste Florenwerk für Westfalen ist die von Conrad Friedrich Ludwig **Beckhaus** (1821–1890) verfasste und erst nach seinem Tode erschienene „Flora von Westfalen" aus dem Jahr 1893. Sein umfangreiches Herbarmaterial ist in Münster erhalten geblieben.

Der Bielefelder Lehrer Ludwig Volrad **Jüngst** war einer der ersten, der sehr systematisch mit seinem Gymnasialprogramm „Flora der nächsten Umgebung von Bielefeld" versuchte, die Schüler mit der sie umgebenden Pflanzenwelt vertraut zu machen. In den Sommermonaten sah der Unterrichtsplan regelmäßig vor, im Gelände die Pflanzen nach dem LINNÉschen System zu bestimmen. Seine botanischen Arbeiten mündeten in der 1852 erschienenen Flora Westfalens.

Der Apotheker und Botaniker Rudolph Simon **Brandes** (1795–1842) aus Bad Salzuflen war nach Aussage seiner Zeitgenossen ein „Verfechter einer sehr patriotischen Gesinnung". Als Mitglied der Teutonenverbindung setzte er sich mit Vorträgen und Spendenaufrufen stark für den Bau des Hermannsdenkmals bei Detmold ein. Gleichzeitig war der Briefpartner von J. W. von Goethe der Gründer des deutschen Apothekervereins. Das umfangreiche und mit vielen Funden aus Ostwestfalen bestückte Herbarium von Brandes befindet sich seit einigen Jahren ebenfalls im Münsteraner Herbarium.

Der Mediziner Karl Ernst August **Weihe** (1779–1834) stammte aus dem ostwestfälischen Menninghüffen (Kreis Herford) und ist vor allem durch seine Beschreibung der deutschen Brombeer-Arten sowie durch seine Sammlung „Deutscher Gräser für Botaniker und Ökonomen" bekannt geworden. Das umfangreiche Herbarium kam 1904 ins Naturkundemuseum nach Münster und ist vollständig erhalten.

Neben dem Studium der Landwirtschaft beschäftigte sich der spätere Landrat des Kreises Coesfeld, Clemens Maria Franz von **Bönninghausen** (1785–1864), vor allem mit der Botanik. Er gab den *Prodomus florae Monasteriensis Westphalorum* heraus und wurde deshalb kurz darauf auch zum Direktor des Botanischen Gartens in Münster ernannt. Aufgrund persönlicher Erfahrungen beschäftigte er sich schon früh mit homöopathischen Heilmethoden und behandelte als seine erste Patientin Annette von Droste-Hülshoff.

Die wichtigste westfälische Flora zusammengestellt und bearbeitet von Conrad Beckhaus (1821–1890)

Flora
von
Westfalen.

Die in der Provinz Westfalen wild wachsenden
Gefäss-Pflanzen.

Von

K. Beckhaus,
weiland Superintendent zu Höxter.

Nach des Verfassers Tode herausgegeben von

L. A. W. Hasse,
Lehrer zu Witten.

Mit einem Bildniss des Verfassers.

Münster, 1893.
Druck und Verlag der Aschendorffschen Buchhandlung.

Die Berleburger Xylothek
Eine seltene Holzbibliothek aus dem 18. Jahrhundert

Vor wenigen Jahren wurde auf dem Schloss in Bad Berleburg eine sogenannte „Xylothek" (griechisch: xylon = Holz, theke = Aufbewahrungsort) gefunden. Es handelt sich hierbei um eine Holzbibliothek, eine Zusammenführung von Holzprobe und Herbarium, in Form eines aufschlagbaren Buches. Die Bücher dieser Holzbibliothek stellen eine Verbindung von Erkenntnisstreben, Bedürfnis zu ordnender Erfassung und ökonomischem Zweckdenken dar, wie es für das Verhältnis des 18. Jahrhunderts zur Natur so charakteristisch ist.

Bei den ausgestellten Einzelbänden handelt es sich mit sehr großer Wahrscheinlichkeit um eine Ausgabe der so genannten „Deutschen Holz-Bibliothek" des Bestelmeierschen Handelshauses in Nürnberg aus dem Jahr 1798, die „von einem in der Naturlehre und praktischen Forstwissenschaft sehr erfahrenen Manne verfertigt" wurde. Vier Herstellernamen lassen sich der „Deutschen Holz-Bibliothek" zuordnen: Carl von Hinterlang, Friedrich Alexander von Schlümbach, Johann Göller und Forst-Kontrolleur Ryss. Die Holzbücher sind mit ca. 19,4 x 12,8 cm alle gleich groß und baugleich. Ein Werbeschreiben aus dem Jahr 1804 an den Kurfürsten von Hessen-Kassel zeigt, welche dieser über ganz Europa verteilten Xylotheken von welchem Hersteller stammt.

Die im Schloss Berleburg aufbewahrte 85-bändige Holzbibliothek stammt vermutlich aus der Produktion von Carl von Hinterlang und gelangte im ausgehenden 18. Jahrhundert in den Besitz der Familie von Sayn-Berleburg. Holzbibliotheken wurden damals als Lehrsammlung angeschafft.

Jede Gehölzart hatte eine eigene Kassette in Buchform aus dem Holz des jeweiligen Baumes oder Strauches. Auf Moos gebettet finden sich in dem Holzbuch die kennzeichnenden Pflanzenteile. Dazu gehören je nach Holzart Blätter, Früchte, Blüten und ein Sämling sowie Quer- und Radialschnitte durch einen Ast. Sogar ein Stück Holzkohle der jeweiligen Pflanze liegt in jedem Holzbuch. Ein Würfel definierten Gewichts zur Bestimmung der Holzdichte gehört ebenfalls in die Sammlung wie ein Wurzelstück, das zu einem Kranz geflochten ist. In einer kleinen Schatulle findet sich der Blütenstaub für die Pollenanalyse. Im Buchrücken sind unter einem hölzernen Deckel eine handschriftliche Beschreibung, sowie unter einem kleineren Deckel der jeweilige Samen untergebracht. Auf der Rückseite steht auf einem grünen Lederschildchen der deutsche Name, auf einem roten Safianleder der botanische (lateinische) Name, geordnet nach dem Linnéschen System.

Eingesetzt wurden die einzelnen Bände der Holzbibliothek als Anschauungsmaterial. Besonders Waldbesitzer und Forstleute interessierten sich im ausgehenden 18. Jahrhundert für diese Art von Sammlungen. Holzkundliche Aspekte standen dabei eindeutig im Vordergrund. Holzbibliotheken lieferten darüber hinaus auch weitere forstbotanische Informationen. Beispielsweise sind auf den Buchrücken, wo die Rinden der Bäume und Sträucher präpariert sind, auch die für die jeweiligen Gehölze typischen Flechten und Moose, teilweise sogar die Pilze, angebracht.

Bei den einzelnen Bänden der Holzbibliothek handelt es sich um Pseudobücher aus Holz

Topfpflanzen für Plantagen
Brotfruchtbäume und die berühmteste Meuterei der Geschichte

Englische Plantagenbesitzer in der Karibik lobten im Jahr 1775 eine Prämie aus. Es sollte derjenige ein Preisgeld erhalten, dem es gelänge, lebende Brotfruchtbäume auf die Westindischen Inseln zu bringen. Die Engländer erhofften sich mit dem in der Südsee heimischen Echten Brotfruchtbaum (*Artocarpus altilis*) eine billige und vielseitig einsetzbare Nahrungsquelle für ihre afrikanischen Plantagensklaven zu erschließen. So begann eine Geschichte, die zu den berühmtesten der Seefahrtsgeschichte gehört: „Die Meuterei auf der Bounty". Eine Kokosnuss und 800 Brotfruchtbäume in Pflanztöpfen spielten dabei eine wichtige Rolle.

Da sich keine Privatpersonen fanden, lebende Brotfruchtbäume zu besorgen und sie über die große Entfernung zu verschiffen, beschloss die britische Admiralität im Jahr 1787 den Plan aufzugreifen. Unter Leitung des renommierten Botanikers Sir Joseph Banks wurde das kleine Schiff „Bounty" der königlichen Marine unterstellt und zum schwimmenden Treibhaus umgebaut. Es mussten Lüftungs- und Bewässerungseinrichtungen für die 800 Pflanztöpfe eingebaut werden. Dies führte dazu, dass es für die Besatzung auf dem Schiff sehr eng wurde. Unter dem Kommando von William Bligh, einem hervorragenden Seemann, der bereits mit James Cook die Südsee bereist hatte und später in vielen „Bounty"-Filmen ungerechtfertigterweise als sehr jähzornig dargestellt wurde, erreichte das Schiff zehn Monate später Tahiti. Sofort begann man Brotfruchtbäume zu sammeln und sie in Töpfe einzupflanzen. Dieses aufwendige Verfahren war notwendig, weil sich die Pflanze nur durch wurzelbürtige Sprosse vermehrt.

Nachdem die jungen Brotfruchtbäume fest in ihren neuen Pflanzgefäßen verwurzelt waren, stach man wieder in See. Dann kam es bald wegen einer bis heute nicht ganz geklärten Auseinandersetzung um eine Kokosnuss und die Brotfruchtbäume, die besser als die Mannschaft versorgt waren, zur Meuterei. William Bligh und 18 andere Seeleute wurden in einem kleinen Boot ausgesetzt und die Brotfruchtbäume ins Meer geworfen.

Bligh und seine Männer schafften es, in dem kleinen offenen Boot eine Entfernung von über 3.000 Seemeilen bis nach Niederländisch-Timor zurückzulegen. Damit gelang ihnen eine nautische Meisterleistung, die in die Seefahrtsgeschichte eingegangen ist. Die Meuterer unter Steuermannsmaat Christian hatten weniger Glück. Sie zerstritten sich und einige erschlugen sich gegenseitig, andere wurden von der Marine gefangen genommen und manche von ihnen gehängt. Die HMS Bounty, die bis heute eines der bekanntests Segelschiffe ist und zugleich auch der erste reine Pflanzentransporter war, wurde vor der Insel Pitcairn, wo einige der Meuterer sich versteckt hatten, versenkt. Bligh wurde 1791 mit einer zweiten Brotfruchtexpedition beauftragt und brachte 2.000 Pflanzen in die Karibik. Das ganze Unternehmen erwies sich als Flop, weil die Brotfruchtbäume das karibische Klima nicht vertrugen und die Sklaven die Pflanzen nicht als Nahrung akzeptierten. Die HMS Bounty ist bis heute eines der bekanntests Segelschiffe geblieben und gilt zugleich als der erste Pflanzentransporter auf See.

Modell der HMS Bounty,
umgebaut für den Transport von Brotfruchtbäumen

Transportprobleme
Pflanzenjäger auf Entdeckungsreisen

Kakteen, Palmen, Clematis, Hortensien und Mohn, Kiwi- und Avocadobäume, hinter den exotischen Gewächsen verbergen sich abenteuerliche Geschichten. Im Auftrag der Königs- und Fürstenhäuser, später im Auftrag reicher Pflanzensammler, bereisten mutige Abenteurer Afrika, die Südseeinseln und Asien. Sie überstanden vielerlei Gefahren wie die Bisse giftiger Schlangen und Stürze aus großer Höhe, verschwanden unauffindbar oder verstarben noch vor ihrer Rückkehr.

Bereits im 18. Jahrhundert erhielt Linné von seinen Schülern, wie den berühmten Botanikern Daniel Solander und Joseph Banks, die mit dem Entdecker **James Cook** auf Weltreisen gingen, viele Pflanzen, die er in sein neues Klassifizierungssystem eiordnete. Zum Dank benannte er besonders schöne Pflanzenfamilien (Solanaceae) und Gattungen (*Banksia*) nach ihnen.

Im 19. Jh. wurden zunehmend bezahlte Pflanzenjäger in die verschiedensten Länder geschickt, um attraktive Pflanzen (z. B. Orchideen) für den europäischen Markt zu finden. Neben jungen Wissenschaftlern waren es vor allem Gärtner, die über das entsprechende Wissen im Umgang mit Pflanzen verfügten. Während die wissenschaftliche Bearbeitung meist in der Heimat anhand der Herbarbelege erfolgte, gab es bis zur Erfindung des „Wardschen Kastens" große Probleme beim Transport lebender Pflanzen. Auf dem langen Weg nach Europa erreichte oftmals nur eine von 1.000 Pflanzen lebend ihr Ziel. Der englische Arzt **Nathaniel Ward** (1791–1868) erfand einen Transportkasten aus Glas mit dem es erstmals möglich war, lebende Pflanzen auch unter ungünstigsten Bedingung über längere Strecken zu transportieren. Tausende Teepflanzen gelangten so von China in den Himalaja, nach Virginia und Kalifornien. Chinarindenbäume wurden lebend von Ame-rika nach Java transportiert und viele unserer Gartenpflanzen, aber auch Orchideen, kamen so nach Europa.

Zu den berühmtesten Pflanzensammlern seiner Zeit gehörte **Alexander von Humboldt** (1769–1859). Auf seiner berühmten Reise nach Mittel- und Südamerika sammelte er in größerem Umfang Pflanzen. Er brachte viele neue (Garten-)Pflanzen, u. a. auch die Rote Lobelie (*Lobelia fulgens*), nach Europa.

Auch eine Frau wurde als Pflanzenjägerin berühmt. Es war **Amalie Dietrich** (1821–1891), die zehn Jahre lang im Auftrag eines Hamburger Kaufmanns die australische Pflanzenwelt erforschte. In einer Zeit, als Frauen noch keinen Zugang zu Universitäten hatten, bereiste „Frau Naturforscherin", wie sie auch genannt wurde, das riesige Land und entdeckte dabei zahlreiche bisher unbekannte Pflanzenarten. Amalie Dietrich war nach Anna Maria Sibylla Merian die bedeutendste Naturforscherin und Forschungsreisende Deutschlands.

Auch heute reisen noch „Pflanzenjäger" in ferne Länder. Als Biologen, Ökologen oder Chemiker ausgebildet, greifen sie statt zur Botanisiertrommel zum Bodenprobenset, zu Mikroskop und Kamera und sind auf der Suche nach pflanzlichen Inhaltsstoffen oder beschäftigen sich mit Biodiversität und sind an der Erhaltung seltener Arten interessiert.

Orchideen, sehr begehrte Pflanzen bei Pflanzenjägern

Kokosnuss und Sauerkraut
Vitamine und Ernährung

Bis in das 18. Jahrhundert war Skorbut die häufigste Todesursache auf Seereisen und insbesondere die langen Fahrten auf die Südhalbkugel der Erde brachten die Gefahr mit sich, bereits nach vier bis sechs Wochen an dieser Mangelerkrankung zu sterben. Ohne genau zu wissen, dass es überhaupt so etwas wie **Vitamin C**, das beste vorbeugende Mittel gegen Skorbut, gibt, nahm der berühmte englische Seefahrer und Eroberer James Cook auf seinen Reisen fässerweise **Sauerkraut** mit. Er verlangte, dass jeder Matrose 1 kg Sauerkraut pro Woche essen musste, was einem Vitamingehalt von 250 mg/Woche entsprach. Mit diesem Lebensmittel, das den Vorteil hat besonders haltbar zu sein, tat er einen Glücksgriff und auf all seinen drei langen Fahrten in die Südsee starb keiner seiner Matrosen an dieser Krankheit.

Der relativ hohe Vitamingehalt von Sauerkraut lässt sich auf den Herstellungsprozess zurückführen: Feste frische Weißkohlköpfe, die von Natur her sehr viel Vitamin besitzen, wurden mit einem speziellen Hobel fein geschnitten und abwechseln mit Salz in ein Fass gestampft. Jede Krautlage wurde so fest eingelegt, dass der sich bildende Saft über dem Kohl stand. Mit einem Tuch abgedeckt und mit einem Brett und einem schweren Gegenstand beschwert ließ man das Sauerkraut für vier bis sechs Wochen zur Gärung stehen. Im Verlauf der Gärung stellt sich ein saures Milieu ein, das die Oxidation von Vitamin C stoppt und der Vitamingehalt wird stabilisiert.

Nach den guten Erfahrungen, die James Cook gemacht hatte, wurde auf anderen Schiffen Sauerkraut als Reiseproviant eingesetzt. Teilweise bereitete man das Sauerkraut jedoch falsch zu. Es wurde in Kupferkesseln gekocht und die Ascorbinsäure oxidierte während des Kochens zu gelber Dethydroascorbinsäure. Das Vitamin C hatte sich somit zersetzt und die Krankheit Skorbut brach trotz des Vorrates an Sauerkraut auf den Schiffen aus.

Bei Reisen durch die Südsee zählte die schwimmfähige und vielfältig verwendbare **Kokosnuss** (*Cocos nucifera*) neben Schiffszwieback und Pökelfleisch mit zu den wichtigsten Lebensmitteln an Bord der Schiffe. Neben ihrem energiereichen Fruchtfleisch lieferte sie mit bis zu einem Liter Kokoswasser eine wichtige zusätzliche Trinkwasserreserve. Solange die Frucht geschlossen bleibt, ist dieses Wasser weitgehend steril. Kokoswasser war für die Seeleute somit eine willkommene zusätzliche und besonders saubere Wasserressource. Kokosmilch hat dagegen nichts mit dem Kokoswasser zu tun. Sie entsteht nicht in der Nuss, sondern wird künstlich aus dem Fruchtfleisch und heißem Wasser hergestellt.

Ein „Pflanzenjäger" ganz anderer Art ist der **Palmendieb** (*Birgus latro*). Es handelt sich hierbei um das größte an Land lebende Krebstier der Erde. Es ist in der Lage, auf Palmen zu klettern und Kokosnüsse zu öffnen. Der Palmendieb kommt heute auf vielen Inseln im indischen Ozean und in der Südsee vor. Interessanterweise unterscheidet sich die Körperfarbe des Palmendiebs von Insel zu Insel. Sie reicht von einem hellen Violett bis hin zu einem dunklen Purpurrot.

Kokosnuss und Palmendieb

Der größte Same im Pflanzenreich
Die Seychellennuss

Zu den seltensten Pflanzen auf der Erde gehört die 30 m hohe **Seychellennusspalme** (*Lodoicea sechellarum*), die wild nur auf den beiden kleinen Inseln Praslin und Curieuse wächst. Benannt wurde die Palme, die ein Alter von bis zu 800 Jahren erreichen kann, zu Ehren des Königs von Frankreich LODOICUS (= Louis XV, 1740–1774).

Es gibt männliche und weibliche Exemplare, wobei die Pflanzen erst in einem Alter von 30 Jahren anfangen zu blühen. Es dauert etwa 7 Jahre bis sich an den weiblichen Palmen die großen und schweren Steinfrüchte (wie die Kokosnüsse) entwickeln. Ein gut fruchtender Baum muss dabei eine Fruchtlast von 250 – 500 kg tragen, wobei einzelne Früchte eine Breite von bis zu 40 cm und ein Gewicht von 30 kg erreichen. Damit handelt es sich um die größte Baumfrucht im Pflanzenreich und eine der größten Früchte überhaupt. In dem Steinkern der Seychellennuss befindet sich der größte Same, der jemals von Pflanzen hervorgebracht wurde. Er ist damit bis zu 10 Millionen mal schwerer als ein durchschnittlicher Orchideensame, der zu den winzigsten im Pflanzenreich gehört.

Keimfähige Früchte sind nicht schwimmfähig, so dass sich die eingeschränkte Verbreitung auf den beiden Seychelleninseln erklärt. Hingegen wurden taube und damit schwimmfähige Nüsse von Seefahrern aus dem Meer gefischt. So stammt die erste gefundene Frucht aus den Gewässern vor den Malediven, was zu dem früheren botanischen Namen *Lodoicea maldivica* geführt hat.

Kaiser und Könige waren von der Seychellennuss so beeindruckt, dass sie für viel Geld versuchten, eine Nuss zu bekommen. So bot Rudolph II von Habsburg, Kaiser des Heiligen Römischen Reiches, einem holländischen Admiral 4.000 Golddukaten an, bekam dafür aber dennoch keine Seychellennuss. In Dresden und Wien sind noch heute Seychellennüsse zu besichtigen, die in der Barockzeit kunstvoll mit Gold und Silber verziert zu Gefäßen umgearbeitet wurden. Sicherlich hat die markante zweilappige Form der Nuss, die an einen menschlichen Unterleib erinnert, dazu geführt, dass sie u.a. den Spitznamen *„Podex botanicus"* erhalten hat. Früchte mit solch markanter Form wurden daher oft auch als Fruchtbarkeits- und Sexsymbol angesehen.

Seychellennüsse lassen sich in botanischen Gärten nur sehr schwer kultivieren und so findet sich heute nur im Frankfurter Palmengarten ein größeres Exemplar. Nachdem die gekeimte Pflanze zunächst drei Jahre aus den Kraftreserven im Samen gewachsen ist, muss sie nun mit den Verhältnissen im Troparium klar kommen. Da alle Palmen an der Spross-Spitze ein sogenanntes Palmherz haben und von dort aus mit samt den Blättern weiter wachsen, ist es nicht möglich, sie an der Spitze zu kappen. Die Gewächshaushöhe begrenzt damit in unseren Breiten das Wachstum und Höhen von 30 Metern und reiches Fruchten wird wohl die Ausnahme sein.

Auf den Seychellen steht die Palme heute unter Naturschutz und selbst die Nüsse dürfen nur noch mit einer Sondergenehmigung ausgeführt werden.

Die Seychellennuss, der größte Same im Pflanzenreich

Pflanzenwelten

Menschen

Pflanzen

Geschichten

von Bernd Tenbergen

gesammelt, angebaut und kultiviert

Tomate, Paprika, Kartoffel und Mais sind für uns alltägliche Kulturpflanzen. Auch nutzen wir das Gummi des Kautschukbaums für unsere Mobilität und das Holz der Bäume für die Wohnmöbel.

Pflanzliche Produkte, Zierpflanzen und Pflanzenmotive, die oftmals Modetrends unterliegen, werden von uns Menschen aufgrund ihrer symbolischen Bedeutung oder Schönheit gekauft, gesammelt oder z. B. in Form eines Blumenstraußes verschenkt.

Nur eine kleine Anzahl von Pflanzen wird derzeit von Menschen als Sammel-, Anbau- oder Kulturpflanzen genutzt.

Ein Teil dieser Arten wird jedoch so intensiv kultiviert, dass beispielsweise Mais, Kohl oder Zuckerrübe durch die künstliche Selektion genetisch fixierte Domestikationsmerkmale ausgebildet haben und nur noch durch die Mithilfe des Menschen überleben können.

Sonnenblumen, vielseitig verwendete Nutzpflanzen

Welthandelsprodukte
Kaffee, Kakao und Bananen

Jeder Bundesbürger konsumiert etwa 7 kg **Kaffee** pro Jahr und weltweit werden mehr als 1 Mrd. Pfund Kaffee produziert und gehandelt. Damit ist der Kaffee nach dem Erdöl das zweitwichtigste Welthandelsprodukt.

Kaffee hat seinen Ursprung in Äthiopien und gelangte zunächst von dort über den Jemen nach Arabien. Heute wird er inzwischen in mehr als 70 tropischen Ländern weltweit angebaut. Mehr als zwei Drittel der Kaffeeproduktion stammt von *Coffea arabica* (Bergkaffee). Man unterscheidet zwei Varietäten: *C. arabica* var. *abyssinica* und *C. arabica* var. *mokka*. Der Rest verteilt sich auf den sog. Robusta-Kaffee und den Liberia-Kaffee. Da die Kaffeepflanzen sonnenempfindlich sind, werden sie oftmals im Schatten von Bananenstauden angebaut. Kaffeepflanzen erreichen ein Alter von etwa 60 Jahren. Aus weißen Blüten, die nach Jasmin duften, entstehen die dunkelroten Steinfrüchte, die Kaffeekirschen. Aus Kaffeekirschen gewinnt man die Rohkaffeebohnen (Samen). Durch Fermentation oder Trocknung werden die Kaffeebohnen gewonnen, die dann in 60-kg-Jutesäcken exportiert werden. Der Röstprozess und die Weiterverarbeitung erfolgt in der Regel in den Konsumentenländern.

Begehrt ist der Kaffee vor allem wegen seines Koffeingehaltes. Das anregend wirkende Alkaloid **Koffein**, das sich bereits im Rohkaffee befindet und in größeren Mengen ein Nervengift ist, führt zu physiologischen Reaktionen im Körper, wie z. B. zu einer beschleunigten Herztätigkeit, einer Erweiterung der Blutgefäße und der Bronchien, einer Anregung der Verdauung und erhöhten Harnproduktion.

Ein weiteres wichtiges Handelsprodukt aus den Tropen ist der **Kakao**. Der botanische Gattungsname des ursprünglich aus Südamerika stammenden Kakaobaums, *Theobroma cacao* L., geht auf Carl von Linné zurück und bedeutet soviel wie „*Speise der Götter*", denn in den alten Indianerkulturen der Azteken, Inka und Maya wurde aus gerösteten Kakaobohnen, Vanille und Pfeffer der „*Göttertrank*" zubereitet.

Ab seinem dritten Lebensjahr trägt der Kakaobaum direkt am Hauptstamm oder an großen Seitenästen während des ganzen Jahres gelbliche Blüten. Maximal 6 % der Blüten bringen nach fünf bis acht Monaten die etwa 20 cm langen reifen Früchte hervor. Eingebettet in ein festes Fruchtfleisch liegen pro Frucht etwa 20 bis 50 Kakaosamen in einer Pulpa, einem weißen, schwammigen Gewebe. Kakaopflanzen benötigen mehr als 1.300 mm Niederschlag, tropische Temperaturen und den Halbschatten.

Tiere spielen beim Kakaobaum als Bestäuber und Samenverbreiter eine große Rolle. Die Stammblütigkeit, auch **Kauliflorie** genannt, lockt Fledermäuse und Flughunde als Bestäuber an, da diese auf den Stämmen und Ästen gut landen können.

Kaffeekirschen, Kakaofrucht und Bananenblüte

Welthandelsprodukte
Kaffee, Kakao und Bananen

Von den reifen, oftmals bunten Früchten werden verschiedene Affenarten und weitere Säugetiere angelockt, die das Fruchtfleisch und die Kerne der Kakaobohnen verzehren. So tragen die Tiere nicht nur zur Verbreitung der Samen im Urwald bei, sondern geben ihnen mit ihrem Kot gleichzeitig auch den ersten Dünger mit auf den Weg. Da die Kakaofrüchte nicht alleine vom Baum abfallen, ist die Pflanze auf diesen Verbreitungsmechanismus angewiesen. Ansonsten verfaulen die Früchte am Baum.

Kakaofrüchte bildeten bis zur europäischen Eroberung der Region die Grundlage des Münzsystems. So konnte man früher für 10 Kakaobohnen bei den Azteken ein Meerschweinchen kaufen, für 100 Kakaobohnen wechselte ein Arbeiter seinen Dienstherren und 1.000 Samen entsprachen dem Wert von 3 Golddukaten.

Den schattenspendenden Überhälter von Kakao und Kaffee bildet die **Banane**. Hierbei handelt es sich nicht um Bäume, sondern Riesenstauden ohne sekundäres Dickenwachstum des Stamms. Aus einem etwa einen Meter langen hängenden Blütenstand entwickeln sich aus 14 – 18 weiblichen Blüten auch ohne Befruchtung (Parthenokarpie) die Früchte. Die Mutterpflanze stirbt nach der Fruchtreife ab. Aus zahlreichen Schösslingen werden die kräftigsten ausgewählt und in den Plantagen weiter kultiviert. Bestäuber der Bananen an natürlichen Standorten sind Fledermäuse und Flughunde.

Die riesigen Bananenblätter werden als Verpackungsmaterial und zur Abdeckung der Dächer benutzt. Da die Bananenfasern nur schwer verrotten, werden aus ihnen schwimmfähige Schiffstaue und Fischernetze sowie Hängematten, Bindfäden und Sackgewebe hergestellt.

Bananen werden in den Herkunftsländern unreif, d. h. grün geerntet und verschifft. In sogenannten Bananenreifereien werden die Früchte in den Importländern mit Ethen begast und damit gereift. Bananen, die einen hohen Kohlenhydratanteil und viel Vitamin C besitzen werden nicht nur als Frischobst, sondern auch als Püree und als Trockenobst genutzt. Deutschland gilt übrigens als Weltmeister im Bananenkonsum.

Bananen werden heute in den Tropen und Subtropen auf der ganzen Welt angebaut. Monokulturen mit hohem Herbizideinsatz bestimmen dabei den Bananenanbau. Ursprünglich stammen die essbaren Bananen aus Südostasien. Afrikanische Kaufleute brachten sie nach Afrika. Die Spanier brachten die Bananen nach Mittelamerika und nach Peru. Die Portugiesen führten sie auf den Karibischen und Kanarischen Inseln ein. Frost- und Windschutz sowie ein gleichmäßiges Klima sind für den Anbau eine Grundvoraussetzung.

Kakaobohnen dienten früher als Zahlungsmittel für den Erwerb von Meerschweinchen

Der Tee, die Beutel und das Porzellan
Anbau, Transport und Nutzung der Teepflanze

In China wird Tee seit mehr als 2.500 Jahren angebaut. Zahlreiche Erzählungen und Legenden berichten dabei von der Entdeckung des Tees. Grüner Tee galt bei den Chinesen als wirkungsvolle Arznei, wurde aber auch als normales Nahrungsmittel und Opferbeigabe gesehen. Lange war die Teesteuer eine der Haupteinnahmequellen des chinesischen Staates. Erst als Tee Handelsgut wurde und weite Reisen überstehen musste, entwickelten die chinesischen Teebauern den schwarzen fermentierten Tee.

Die **Teepflanze**, die zur Familie der Kameliengewächse gehört, wurde ursprünglich in zwei Arten kultiviert.: *Camelia sinensis* (strauchwüchsiges, kleinblättriges und kälteresistentes Hochlandgewächs) und *Camelia assamica* (baumwüchsiges und wärmeliebendes Tropengewächs mit Ursprung in Assam). Aus diesen beiden ursprünglichen Teepflanzen entstanden die zahlreichen heute gebräuchlichen Kreuzungen. Christliche Missionare und Seeleute brachten das Wissen über den Tee (zunächst nur grüner Tee), seinen Anbau und das dazugehörige Porzellan nach Europa. Holländische Händler waren die ersten, die 1610 Tee nach Amsterdam einführten, von wo aus er sich bis 1650 über holländische Ärzte auch nach Deutschland ausbreitete und gesellschaftsfähig wurde.

Der hohe Preis für Tee führte dazu, dass es zunächst der Adel war, der ihn als Medizin trank. Mit Beginn des 19. Jhs. gab es dann zunehmend „Teegeselligkeiten" und „Literarische Teetische". Der „Fünfuhrtee" kam um 1930 in Mode und zusammen mit der deutschen Erfindung des **Teebeutels** und dem günstigen Preis setzte sich schwarzer Tee in der ganzen Gesellschaft durch.

In Deutschland gehört der **Ostfriesentee**, der seit der Mitte des 18. Jahrhunderts, meist mit einem Schuss Rum versehen, konsumiert wird, zu den bekanntesten Teesorten. Es war vor allem die schlechte Qualität des Wassers, das nur im abgekochten Zustand und mit entsprechenden Zusätzen genießbar war, die die Vorliebe der Menschen für den Tee erklärt. Bevor es zu eigenen Direktimporten von Tee kam, bezogen die Ostfriesen den Tee aus den benachbarten Niederlanden. Er wurde angeblich in geradezu „*barbarischen Mengen geschlürft*", weshalb König Friedrich II den Ostfriesen das Teetrinken zwischenzeitlich verbieten wollte.

In den Ursprungsländern wird Tee in mühevoller und aufwendiger Handarbeit in der Teesaison in verschiedensten Stadien geerntet. Geübte Pflückerinnen ernten zwischen 30 und 35 kg frischen Tee am Tag. Nach der Trocknung und Weiterverarbeitung werden vor allen die großblättrigen Teesorten in mit Folie ausgeschlagenen **Teekisten** aus Sperrholz transportiert. Neben Angaben zum Gewicht, dem Ursprungsland und der Blattqualität sind auch Informationen zur Pflückung und zur Pflückzeit vermerkt.

Seit einigen Jahren gibt es Abkommen zwischen Organisationen in den Konsumentenländern und einigen Ursprungsländern, um die Lebensbedingungen von Pflückern und Fabrikarbeitern zu verbessern. In sog. **„Teegärten"**, wie z. B. in Darjeeling an den Südhängen des Himalaja, werden u. a. Bildungs- und Gesundheitsprogramme unterstützt und Wohnungsbauprojekte gefördert. In Teegärten werden zahlreiche Sozialleistungen für die Arbeiter und Arbeiterinnen und ihre Familienangehörigen kostenlos angeboten.

Körbe mit gepflückten Teeblättern

Vom Wein zur Cola
Kolanüsse und Kokain

Jeder kennt die koffeinhaltigen, süßen Erfrischungsgetränke, deren namengebende Grundsubstanz aus der Kolanuss stammt. Auch wenn das Kokain als Extrakt aus den Blättern der Kokapflanze ebenso wie der Alkohol des daraus gewonnenen Weins längst aus dem Getränk verschwunden ist, so ist dennoch der Name der beiden Grundsubstanzen in dem bekannten Firmennamen Coca-Cola erhalten geblieben. Erfinder der **Cola** war der Amerikaner **John Pemberton**, ein Pharmazeut aus Atlanta, der 1886 ein Rezept für einen Sirup entwickelte, der gegen Müdigkeit, Kopfschmerzen und Depressionen wirken sollte. Neben Coca-Cola entstanden bald darauf zahlreiche weitere Marken, darunter die ebenfalls aus Amerika stammende Pepsi-Cola und die in Deutschland seit 1931 hergestellte afri-cola. Da Cola in den meisten Ländern der Erde als typisch amerikanisch gilt, dominieren überall dort, wo eine gewisse Skepsis gegenüber den USA vorherrscht, lokale Cola-Marken.

Die Kolanüsse stammen vom Kolabaum, der zur Familie der Malvengewächse (Malvaceae), Unterfamilie der Stinkbaumgewächse (Sterculioideae), gehört. Es handelt sich bei der genutzten Pflanze um den immergrünen Kolabaum, der bis zu 25 m hoch wird. Der Baum, der mit blassgelben purpurn gestreiften Blüten das ganze Jahr hindurch blüht (die Hauptblütezeit ist jedoch von November bis Januar), bildet daraus sternförmige Früchte. Jede dieser Früchte enthält bis zu 10 Samen. Diese werden als Kolanüsse bezeichnet.

Der Kolabaum, der ursprünglich in tropischen Gebieten Westafrikas beheimatet war, wird inzwischen auch in Südamerika und Asien angebaut. Die Vermehrung ist durch Samen und durch Ableger möglich.

In Afrika ist die Kolanuss von großer sozialer und kultischer Bedeutung. Sie gilt als Symbol der Verbundenheit und wird bei vielen Zeremonien, Ritualen und Feierlichkeiten gegessen.

Die Kolanuss gelangte mit den ersten Entdeckungsfahrten der Portugiesen nach Europa. Eine größere Nutzung setzte aber erst im 19. Jahrhundert ein.

Die Kolanuss enthält als Hauptwirkstoff bis zu 3,5 % Koffein, außerdem Theobromin, Catechin, Epicatechin, Procyanidine und Gerbstoffe. Weiterhin sind bis zu 45 % Stärke, Eiweiß, Zucker, Fette und Mineralstoffe darin enthalten. Das Koffein aus der Kolanuss wirkt etwas anders als „normales Koffein". Dadurch, dass es an Gerbstoffe gebunden vorliegt, wird das oftmals bei Kaffee auftretende Herzrasen gemildert.

Zusätzlich hat die Kolanuss auch eine appetithemmende und leicht euphorisierende Wirkung. Auch von einer aphrodisierenden Wirkung ist die Rede. Als Nebenwirkung kann Nervosität und ein Gewöhnungseffekt eintreten. Die gemahlene Kolanuss wird als Anregungsmittel genutzt und kann als Kaffeeersatz dienen. In Afrika werden die Nüsse gekaut und dienen außerdem zur Anregung der Verdauung und zur Dämpfung des Hungers. In Europa werden Kolanüsse aufgrund dieser Eigenschaft zur Unterstützung bei Diäten verwendet. In der afrikanischen Volksmedizin wird die Nuss darüber hinaus als Heilmittel gegen Migräne, Fieber, Erbrechen und Durchfall empfohlen.

Kolanüsse und Kolablüte

Buntes Gemüse
Tomate, Kartoffel, Mais, Zwiebel und Karotte

Auf mehr als 100.000 ha wird in Deutschland **Gemüse** angebaut, wobei der Schwerpunkt des Freilandanbaus in Nordrhein-Westfalen liegt. Deutschland ist in Europa das Hauptimportland von Gemüse, da sein Selbstversorgungsgrad bei nur 40 % liegt. Die Kultivierung der verschiedenen Gemüsesorten hat eine lange Tradition. Einige dieser Gemüsepflanzen, die jeder kennt, sollen bezüglich ihrer Herkunft und Nutzungsgeschichte sowie anhand einiger Anekdoten aus ihrer Entdeckungszeit kurz vorgestellt werden:

Die **Tomate** (*Solanum lycopersicum*) ist botanisch gesehen ein Nachtschattengewächs mit beerenartigen Früchten. Der Siegeszug der wichtigsten Gemüsepflanze nahm seinen Anfang in Italien. Ab 1920 wurde die Tomate auch in Deutschland in Hausgärten und Gewächshäusern kultiviert. 22 kg Tomaten verzehrt heute jeder Bundesbürger, doch weniger als 6 % kommen aus dem eigenen Land.

Heute steht die Tomate mit etwa 18 Millionen Tonnen Jahresproduktion an erster Stelle des europäischen Gemüseanbaus, mit Anbauschwerpunkten in Italien, Spanien, Griechenland und in den Niederlanden. Der Hauptbestandteil der Tomate ist Wasser (95 %), doch besonders die in dem Rest verbleibenden Vitamine, sekundären Pflanzenstoffe und Spurenelemente machen sie so begehrt.

> Als Wildpflanze stammt die Tomate ursprünglich aus Amerika, wo sie schon von den Azteken und Inka als „xitomat" kultiviert wurde. Mit Christoph Kolumbus kam sie 1498 über Spanien und Portugal nach Europa. Zunächst galt sie als Zierpflanze, die im Volksund früher auch Liebesapfel oder peruanischer Apfel genannt wurde. Als Nahrungspflanze setzte sie sich erst relativ spät, d. h. ab dem Jahr 1900, durch.

Botanisch eng verwandt mit der Tomate ist die **Kartoffel** (*Solanum tuberosum*). Auch sie zählt, ebenso wie Paprika und Tabak, zu den Nachtschattengewächsen (Solanaceae), einer Pflanzenfamilie, die in ihren oberirdischen Teilen giftige Alkaloide enthält. Ein Verzehr dieser Pflanzenteile führt zu Vergiftungserscheinungen. Carl von Linné befand, dass die Kartoffelpflanze für die menschliche Nutzung völlig ungeeignet sei. Dies war ein Trugschluss, denn die Knollen der Hackfrucht Kartoffel sind in Europa seit mehr als 200 Jahren eines der Hauptnahrungsmittel. Ihren Ursprung hat die Kartoffelpflanze vermutlich in den südamerikanischen Anden. Die spanischen Eroberer im frühen 16. Jahrhundert importierten sie zunächst als reine Zierpflanze. Botanische Gärten waren sehr daran interessiert, Kartoffelpflanzen mit ihrem üppigen Laub und den schönen Blüten zu besitzen.

Ab der ersten Hälfte des 18. Jahrhunderts wurden Kartoffeln in großem Umfang in Deutschland angebaut. Friedrich der Große war es, der zunächst in Preußen der als anspruchslos geltenden Kartoffel mit einer Anbauverordnung zum Durchbruch verhalf. In den letzten Jahren hat der Kartoffelkonsum kontinuierlich abgenommen. Heute liegt der Pro-Kopf-Verbrauch noch bei etwa 65 kg, davon 30 kg für Kartoffelerzeugnisse in Form von Chips und Pommes frites.

> Die Kartoffel hatte in Europa zunächst nur wenige Schädlinge und Krankheiten. Mit der Ausbreitung der ebenfalls aus Amerika stammenden Kartoffelfäule und dem Kartoffelkäfer änderte sich dies aber zunehmend. Besonders in Irland kam es daher um 1850 zu einer großen Hungersnot, die dazu führte, dass viele Menschen nach Amerika auswanderten.

Illustrationen zur Tomaten- und Kartoffelpflanze

Buntes Gemüse
Tomate, Kartoffel, Mais, Zwiebel und Karotte

Der **Mais** (*Zea mays*) stammt ursprünglich aus Mexiko. Er gehört zur Familie der Süßgräser (Poaceae) und wird inzwischen in ca. 50.000 Sorten kultiviert. Mit mehr als 700 Millionen Tonnen Ernteertrag weltweit liegt er noch vor Weizen und Reis. Während in den Entwicklungsländern der Mais als Nahrungsmittel eingesetzt wird, dient er in den Industrieländern in Form von Silage vor allem als Tierfutter. In Deutschland wird auf über 1,7 Millionen ha Mais angebaut, der zu etwa 70 % als Silomais verwendet wird. Abfallprodukte des Maisanbaus werden aufgrund ihrer besonderen Eigenschaften vielfältig verwendet, z. B. als Aufsaugschläuche für Öl, zur oberflächenschonenden Reinigung oder als Heizmaterial.

> Die Entstehung des Menschen wird in den Mythen der Maya mit dem Mais (mayas) in Verbindung gebracht: „Nachdem die Götter die Erde geformt hatten, erschufen sie Geschöpfe, die sie anbeteten. Zuerst schufen sie Tiere, aber deren einzige Gebete waren kreischende Laute. Dann formten sie einen Menschen aus Schlamm, der zwar sprach, aber nur bedeutungslose Worte und sich schnell wieder in eine formlose Masse verwandelte. Als nächstes schufen die Götter Menschen aus Holz. Sie sahen menschlich aus, sprachen und vermehrten sich, aber sie besaßen keine Seelen und ehrten ihre Schöpfer nicht. … Die meisten Holzmenschen wurden getötet und die wenigen Überlebenden wurden in Affen verwandelt, die noch heute in Wäldern wohnen. Einen letzten Versuch wagten sie noch und sammelten Maiskörner. Die alte Göttin Xmucane mahlte die Körner neunmal, fügte Wasser hinzu und formte daraus die ersten vier Menschen. Diese lernten rasch, wie man die Götter verehrt und ihnen geeignete Opfer darbringt."

Was wir heute allgemein als **Küchenzwiebel** (*Allium cepa*) bezeichnen, stammt ursprünglich aus den asiatischen Steppengebieten, vermutlich aus dem Gebiet des heutigen Afghanistan. Seit mehr als 5.000 Jahren werden die zweijährigen Zwiebeln als Heil-, Gewürz- und Gemüsepflanzen kultiviert.

> Bei den Ägyptern wurden Zwiebeln den Göttern als Opfergabe gereicht. Sie waren ein Zahlungsmittel für die Arbeiter beim Pyramidenbau und Wegzehrung für die Reise ins Jenseits. So wurden auch im Grab Tutanchamuns Zwiebelreste gefunden und auf alten Schrifttafeln finden sich Hinweise auf Zwiebelfelder und -zuteilungen an die Bevölkerung.

Durch die Kreuzung mindestens drei verschiedener Möhrenarten aus der Gattung *Daucus* entstand die **Karotte** (*Daucus carota* ssp. *sativus*), von der heute mehr als 13 Millionen Tonnen geerntet werden. Neben Sommer-, Herbst- und Wintermöhren, die in der Regel länglich-kugelig oder walzenförmig sind, gibt es auch fast kugelige Möhren. Diese Sorte, die auch „Pariser Karotte" genannt wird, ist frisch nicht lagerfähig und wird daher vorwiegend eingekocht und zu Konserven verarbeitet.

> Möhren sind nicht nur reich an Ballast- und Mineralstoffen, sondern enthalten auch das fettlösliche Beta-Karotin (ß-Karotin), die Vorstufe vom Vitamin A. ß-Karotin kann bei Bedarf vom Körper in Vitamin A umgewandelt werden. Deshalb wird es auch Provitamin A genannt. Ein Mangel an Vitamin A kann zu Nachtblindheit führen. Karotin wird heute weiterhin als Lebensmittelfarbe, als Beigabe zu Vitaminpräparaten und in selbstbräunenden Cremes verwendet.

Illustration zur Geschichte und Nutzung der Karotte

Von Pfeffersäcken und Muskatnüssen
Weltweiter Gewürzhandel

Gewürze waren einmal das wichtigste Handelsgut europäischer Kaufleute und es ließ sich damit viel Geld verdienen. Nicht immer freundlich gemeinte Bezeichnungen wie „Pfeffersäcke" für bestimmte Gewürzhändler waren an der Tagesordnung. Auch Kriege entbrannten wegen der Samen einiger Gewürzpflanzen. Es wurden aus heutiger Sicht unvorstellbare Anstrengungen unternommen, um an die Pflanzen bzw. die Samen und Ableger zu kommen. Am Beispiel der Muskatnuss soll etwas ausführlicher von diesem Gewürzhandel berichtet werden:

Die **Muskatnuss** (*Myristica fragrans*) ist wahrscheinlich das einzige Gewürz, das zu einem Nationalgewürz erhoben wurde. Es ziert die rot-gold-grüne Nationalflagge der karibischen Insel Grenada. Ursprünglich gab es keine Muskatnüsse auf Grenada. Die Pflanze stammt von den Molukken, einer seit langer Zeit gewürzproduzierenden Region Indonesiens. Die Muskatnuss wird nach einer dort gelegenen Inselgruppe auch „Bandamuskat" genannt. Die Frucht des etwa 20 m hohen, immergrünen Baumes aus der Familie der Muskatnussgewächse (Myristicaceae) sieht aus wie eine Aprikose. Beim Reifungsprozess platzt das Fruchtfleisch auf und es wird eine scharlachrote Samenhülle freigelegt, die auf Gewürzpackungen oftmals als „Muskatblüte" (Macis) bezeichnet wird. Die Nuss verliert nach dem Mahlen schnell an Geschmack, weshalb in Rezepten oft angegeben wird, *„Muskat solle erst über ein fertiges Gericht gerieben werden"*.

Bereits im 6. Jahrhundert wurden Muskatnüsse von arabischen Händlern nach Konstantinopel gebracht. Bis zum 12. Jahrhundert war die Muskatnuss fast überall in Europa bekannt und wurde nicht nur in Speisen und Getränken genutzt, sondern hatte auch einen guten Ruf wegen ihres wohlriechenden Rauchs. Im Mittelalter wurden zu besonderen Anlässen Muskatnüsse in den Städten verbrannt, um den damals so typischen Stadtgestank zu überdecken. Zusammen mit dem Pfeffer gehörte die Muskatnuss zu den am häufigsten importierten Gewürzen. Zeitweise war die Muskatnuss sehr teuer. So kostete beispielsweise im 14. Jahrhundert ein halbes Kilogramm genauso viel wie drei Schafe oder eine Kuh.

Die erfolgreichsten Händler waren die Holländer, die bis zum Zweiten Weltkrieg die Oberherrschaft über den Handel mit der ostindischen Muskatnuss (und der Gewürznelke) hatten. Lange bemühten sich die Holländer, einen Export von Muskat aus ihren süd-ostasiatischen Kolonien zu verhindern. Dazu machte man die Pflanzen mit Hilfe von Kalk und Zitronensäure unfruchtbar. Dennoch gelang es den Franzosen im Jahr 1770, einige Muskatnusspflanzen nach Mauritius zu schmuggeln. In den Folgejahren wurde in Ceylon, auf Trinidad und im Jahr 1843 auch auf Grenada die Muskatnuss angebaut. Die Preise verfielen zunehmend und das holländische Muskatmonopol war zu Ende. Heute werden etwa 12.000 t Muskatnüsse produziert. Der weltweite Verbrauch liegt aber nur 9.000 t, so dass ein Teil der Nüsse ungenutzt bleibt und die Preise weit von den ehemaligen Höchstständen entfernt sind.

Muskatnüsse mit innerer Schale und Macis

Gäste aus der ganzen Welt
Zimmerpflanzen

Wann Menschen damit begannen, sich Pflanzen in ihre Wohnbereiche zu holen, ist nicht genau bekannt. Es waren wohl die Bewohner der nördlichen Hemisphäre, die teilweise mehr als ein halbes Jahr aus klimatischen Gründen auf das Pflanzengrün verzichten müssen, die sich aus der Sehnsucht nach Berührung mit der Natur den Zimmerpflanzen widmeten. Zimmerpflanzen stellen diese Verbindung zur Natur her und wachsen in unseren Wohnungen (fast) unabhängig von den äußeren klimatischen Bedingungen. Hinzu kommt, dass sie viele Räume durch natürliche Farben, Formen und Düfte verschönern. Raumgestalter, Innenarchitekten und Designer nutzen diese Eigenschaften von Zimmerpflanzen und setzen dieses lebende Grün gezielt ein, um Einrichtungsgegenstände besser zur Geltung zu bringen und das Raumklima positiv zu beeinflussen.

Möglich wurde die Kultivierung der Zimmerpflanzen erst durch beheizbare Gewächshäuser. Diese sind aus den im 17. Jahrhundert entstandenen Orangerien hervorgegangen. Die Gebäude aus Ziegeln und Stein, die mit großen Südfenstern versehen waren und zunächst dazu dienten, die Orangenbäumchen und andere mediterrane Pflanzen bei uns zu überwintern, wurden zunehmend auch beheizt. In diesen Gebäuden begann man, tropische Pflanzen wie Ananas, Guavas und Limetten zu kultivieren. Für medizinische Zwecke züchtete man in den ersten beheizten Gewächshäusern auch Aloen und Agaven. Hinzu kamen die ersten Kamelien, denen Bananen, Dattelpalmen und viele sukkulente Pflanzen folgten. Heute sind Gewächshäuser aus dem Zierpflanzenanbau nicht mehr wegzudenken. Computeranlagen steuern Temperatur, Bewässerung und Belichtung, so dass die Pflanzen auf den Tag verkaufsfertig sind.

Zu den beliebtesten Topfpflanzen, die aus solchen Gewächshäusern stammen, gehört der **Weihnachtsstern**. Insbesondere in der Adventszeit wird er überall angeboten. Der botanische Name dieser Pflanze Euphorbia pulcherina bedeutet „Allerschönste der Euphorbien". Diese der Pflanze zugesprochene Attraktivität geht auf die leuchtend roten oder gelbgrünen Hochblätter zurück, die damit Vögel zu der kleinen Blüte locken. Sehr zuckerreicher Nektar lockt die Tiere an und so kommt es zur Bestäubung der Pflanzen.

In vielen Ländern heißt die Pflanze übrigens auch Pointsettie. Dies geht auf den ersten Botschafter der USA in Mexiko zurück, wo die Weihnachtssterne ursprünglich herkommen. Pointsettie veranlasste, dass die Pflanze in die Vereinigten Staaten kam. Von dort aus trat sie ihren Siegeszug über die ganze Welt an.

Während in der Natur die Weihnachtssterne bis zu 4 m hoch werden, sind die zur Weihnachtszeit bei uns angebotenen Zimmerpflanzen mit Hilfe von Hormonen klein gehalten worden. Hinzu kommt, dass der Weihnachtsstern eine Kurztagpflanze ist. Seine farbigen Hochblätter entwickelt der Weihnachtsstern nur dann, wenn pro Tag mehr als 12 Stunden Dunkelheit herrschen.

Weihnachtssternproduktion

Handeslwege der Blumen
Von Kühlhäusern, Containern und langen Flügen

Während auf einem Markt alle anderen Produkte genau etikettiert sind, hat man bei Blumen nur dann eine Chance, das Herkunftsland zu erfahren, wenn der Händler auskunftsfreudig ist. Dabei handelt es sich um sehr wichtige Informationen, denn die Länge der Reise und damit z. B. der Erntezeitpunkt ergeben erhebliche Qualitätsunterschiede.

Ein weltumspannender Blumenhandel existiert seit ungefähr 25 Jahren. In den 1980er Jahren kam es zu einer internationalen Begeisterung für Blumensträuße und es war ein enormer Anstieg von Angebot und Nachfrage an Schnittblumen zu beobachten. In den 1980er und 1990er Jahren betrug das jährliche Wachstum in der Blumenproduktion etwa 10 % und heute gehen viele Arten auf fest etablierten Handelswegen auf die Reise.

Generell kann man sagen, dass die Länder des Nordens wesentlich mehr Blumen verbrauchen als sie produzieren. Die blumenproduzierenden Länder des Südens, die klimatisch für den Anbau prädestiniert sind, exportieren dagegen fast ihren gesamten Ertrag. Neben zahlreichen südamerikanischen Ländern, in denen eine vergleichsweise lange florale Tradition herrscht, gibt es zunehmend Länder in Afrika, die erst seit kurzem Blumen ausschließlich für den Export anpflanzen.

Zu Beginn der 1970er Jahre hätte niemand eine solche Entwicklung vorausgesehen, da sich bis dahin die Länder der nördlichen Halbkugel mit dem begnügten, was sie selbst anpflanzten. Noch heute sind die Niederländer die größten Blumenproduzenten Europas und die größten Blumenexporteure der Welt. Sie waren es auch, die die Logistik des weltweiten Reisens von Schnittblumen austüftelten und den Transport der verderblichen Ware im Wettlauf gegen die Zeit gewinnbringend organisierten. Fast alles, was auf der Welt in Vasen blüht, stammt aus dem niederländischen „bloemenveiling" von Aalsmeer, der größten Blumenmarkthalle der Welt. 1972 wurden die Auktionshallen, die heute eine Fläche von etwa 90 ha haben, eingeweiht. Gleichgültig ob die Pflanzen in Kolumbien, Afrika, Israel oder in den niederländischen Treibhäusern geschnitten wurden, der Weg über Alsmeer und die Preisfestlegung dort ist fast obligatorisch.

In der Regel vergehen keine drei Tage bis eine Schnittblume, die durchschnittlich 10 Tage in beheizten Wohnungen überlebt, vom Treibhaus zum Floristen unterwegs ist. Das genaue Schnittdatum einer Blume lässt sich aber nur schlecht zurückverfolgen. Nach langen Transportwegen und mehr oder weniger langen Aufenthalten in Kühlhäusern bei 3–4 °C lassen Schnittblumen nach einem „Kälteschlaf" von bis zu vier Wochen in unseren Wohnungen schnell erschöpft die Köpfe hängen. So ist es kein Geheimnis, das die Frische von Blumen eine Frage von Stunden ist. Deshalb werden die meisten Floristen mehrmals in der Woche direkt von Alsmeer aus beliefert. Es sind vor allem zehn „Einheitsblumen", darunter Gerbera und Nelken, die in ihren Maßen an die Maße der Container angepasst sind. Alle sind makellos, robust und dafür gezüchtet, die lange Reise gut zu überstehen, bis sie verkauft werden. Aber wie lange werden die Niederländer den Blumenhandel noch so unangefochten beherrschen?

Blumenverkauf

Handelswege der Blumen
Von Kühlhäusern, Containern und langen Flügen

Die neuen Konkurrenten der niederländischen Händler, die sie selbst in den Andenstaaten und in Afrika ausgebildet haben, haben ihre eigenen Verbindungswege und ihre eigene Kundschaft, vor allem in Osteuropa, aufgebaut.

Eines der Länder, das seinen Blumenanbau in den letzten Jahren besonders stark ausgeweitet hat, ist Kolumbien. Zwar geht die Blumenproduktion bereits auf die 1960er Jahre zurück, doch besonders seit 1993, als die Europäische Union beschlossen hat, keine Steuern mehr auf die Andenpflanzen zu erheben, um die Umstellung der Kokabauern auf einen Blumenanbau zu fördern, wuchs der Anbau. Heute ist Kolumbien nach den Niederlanden der zweitgrößte Blumenexporteur der Welt. Auch andere südamerikanische Länder profitieren von der Steuerbefreiung und so sind z. B. Rosen die ecuadorianische Spezialität.

Weitere wichtige Pflanzenproduzenten sind heute in Afrika angesiedelt. Länder wie Kenia aber auch Sambia und Tansania produzieren Pflanzen und zwar ausschließlich für den europäischen Markt. Rosen sind die Spezialität dieser Länder geworden, während beispielsweise Simbabwe und Südafrika sich auf Proteen (Protea) spezialisiert haben und tropische Pflanzen in Kamerun und in der Elfenbeinküste produziert werden.

Zu den Hauptlieferanten europäischer Länder gehören auch die Mittelmeerländer Marokko und Israel, die in den letzten Jahren unter den neuen Mitbewerbern zu leiden hatten. Aus dem asiatischen Raum ist nur Thailand zu nennen, das im nennenswerten Umfang Orchideen nach Europa exportiert.

Interessant ist das Einkaufsverhalten der Japaner, die sehr hohe Hygieneauflagen für Pflanzen haben und bereit sind, sehr hohe Preise für Schnittblumen zu bezahlen. So vertrauen die Japaner bisher nur den Niederländern und auch ihnen nicht bedingungslos.

Seit einigen Jahren werden in Blumenläden zusätzlich Dekorationsartikel, darunter zahlreiche Blüten, Trockenfrüchte, Samenschalen und Samen sowie Blätter und dekorative Rindenstücke verkauft. Meist stammen diese Produkte aus den tropischen und subtropischen Regionen der Erde und lassen sich leicht als Containerware transportieren. In den Herkunftsländern werden diese Dekomaterialien, die einem gewissen Modetrend unterliegen, einerseits gezielt angebaut und gesammelt, andererseits handelt es sich in einigen Fällen um „Abfallprodukte" der heimischen Landwirtschaft. Für die meist arme Bevölkerung in den Anbauländern stellen diese Dekorationsmaterialien eine willkommene zusätzliche Einnahmequelle dar. Leider ist die Unwissenheit, was die Herkunft und Art dieser botanischen Dekomaterialien angeht, recht groß. Gelegentlich kommt es daher vor, dass zwar sehr schön anzusehende, gleichzeitig aber auch sehr giftige Sämereien auf diesem Weg in unsere Wohnzimmer gelangen.

Trockenfrüchte, Samen und Fruchtschalen, beliebte Dekorationsmaterialien der Floristik

Vom Flachs zur Triticale
Pflanzennutzung in der westfälischen Landwirtschaft

Ein Huhn benötigt 120 g pflanzliches Futter am Tag und ein Jungschwein 260 kg bis zur Schlachtreife. Aus einer Palette von mehr als 120 verschiedenen Bestandteilen, wie Getreidesorten, Ballaststoffen, Vitaminen, Mineralstoffen und Spurenelementen sowie Duftstoffen als Verkaufshilfe, wird heutzutage ein Tierfutter gemischt, dass nur ein Ziel hat: das Wachstum zu fördern, die Tiere gesund zu erhalten und einen hohen Durchsatz in den Ställen zu erreichen.

Zwar stammen die meisten Bestandteile des Futters aus der heimischen Landwirtschaft, doch werden zunehmend auch exotische pflanzliche Zuschlagstoffe beigemischt. Immer seltener findet man noch Landwirte, die das gesamte Futter für ihre Tiere selbst anbauen und mischen. Sattelschlepper bringen das fertig gemischte Futter, getrennt nach Tierart und Altersstufen, zu den Landwirten. Diese verfüttern mit Hilfe modernster Technik das Tierfutter wirtschaftlich möglichst effektiv. Es darf weder zuviel noch zuwenig sein, sonst stimmt der Ertrag nicht. Die Zeiten, in denen Schweine noch mit den Kartoffelschalen und anderen Speiseresten des Bauernhofs gefüttert wurden, sind längst Vergangenheit.

> Zahlen zur Flächennutzung in Westfalen-Lippe:
>
> 52 % Landwirtschaftliche Nutzung
> 27 % Waldfläche
> 11 % Gebäude und Freiflächen
> 6 % Verkehrsflächen
> 2 % Wasserflächen
> 2 % Sonstige

Die Landwirtschaft in Westfalen ist insgesamt gesehen sehr heterogen. Während in den waldreichen Mittelgebirgsregionen noch kleinere Nebenerwerbsbetriebe dominieren, sind es beispielsweise in der Soester Börde größere Höfe, die sich traditionell auf den Getreideanbau spezialisiert haben. Im Münsterland, das ursprünglich einmal von einer Grünlandwirtschaft geprägt war, hat sich in den letzten Jahrzehnten eine Veredlungswirtschaft durchgesetzt, die zu einem großen Teil auf dem Anbau von Mais und Triticale beruht und die Schweinezucht favorisiert. Vom früheren Pflanzenanbau unterscheidet sich diese Form der Landwirtschaft sehr, denn damals dominierten noch Roggen, Weizen und Gerste. Weigehend verschwunden sind alte Nutzpflanzen wie der früher weitverbreitete Flachs.

Stark zugenommen hat auch der Anteil der ökologisch wirtschaftenden Betriebe, die mit alternativen Anbau- und Tierhaltungsmethoden sowie Selbstvermarktung viel Zuspruch in der Bevölkerung gefunden haben. Da die Umstellung der Betriebe relativ lange dauert, kann derzeit der Nachfrage nach ökologisch produzierten Lebensmitteln kaum nachgekommen werden.

Seit einigen Jahren setzen die westfälische Landwirtschaft und viele neue mittelständische Unternehmen verstärkt auch auf nachwachsende Rohstoffe. Pflanzliche Öle und Alkohole sind dabei nur ein Teil. Die Gewinnung von Pflanzenfasern (Hanf, Brennnessel u. a.) sowie die Nutzung von z. B. Maisspindelgranulat, einem Abfallprodukt der Körnermaisgewinnung, sind weitere Beispiele. Die gelben Rapsfelder zeugen von der Rapsölherstellung sowie der Pelletsproduktion und der Zuckerrübenanbau steht zunehmend auch für die Bioethanolherstellung und einen erneuten Wandel in den Anbauschwerpunkten. Auch wenn einprägsame Werbesprüche wie „Heizen mit Weizen" nicht überall Zustimmung finden, so deuten sie an, dass ein Umdenken in der Landwirtschaft und bei den Verbrauchern hin zu nachwachsenden Rohstoffen eingesetzt hat.

Rapsfeld und Wallhecke, Ölfrüchte und Holznutzung im Münsterland

"Aus glimmenden Stöcken Rauch trinken"
Der Tabak, das Nikotin, die Steuer und die Moral

Botanisch gesehen gehört der **Tabak**, ebenso wie die Kartoffel, zur Gattung der Nachtschattengewächse. Die Tabakpflanze, die ihre Heimat in den Tropen hat, kann bis zu drei Meter hoch werden. Die großen Blätter sind drüsig behaart und sie hat farbenprächtige Blüten in Weiß, Rosa, Rot und Gelb. Diese optisch sehr ansprechenden Blüten sind der Grund dafür, dass es nicht nur den weitverbreiteten Tabakanbau für die Zigaretten- und Zigarrenherstellung gibt, sondern dass auch der aus mehreren Arten gezüchtete Ziertabak weltweit zu einer der beliebtesten Gartenpflanzen geworden ist.

Tabak wächst nicht nur gut in den Tropen, sondern auch in den Subtropen und gemäßigten Zonen der Erde. Sogar in Deutschland und Österreich gibt es größere Anbauflächen. Neben der Kultivierung hat auch der Handel und die Tabakverarbeitung, insbesondere in Westfalen, eine lange Tradition. Die **westfälische Tabakindustrie**, die sich auf die Herstellung von Zigarren spezialisiert hat, hat besonders in der Region um Bünde eine Vielzahl von tabakverarbeitenden Firmen hervorgebracht.

Wie in historischer Zeit, liegen die Kernländer des Tabakanbaus auch heute noch in den tropischen Zonen. So gilt noch immer die Insel Kuba als „wahres Mutterland des Tabaks". Ein Blick zurück in die Geschichte zeigt, dass es **Christoph Kolumbus** war, der am 5. Oktober 1492 als erster Europäer den Tabak zu Gesicht bekommen hat. Er und seine Seeleute beobachteten, wie die Ureinwohner Amerikas „aus glimmenden Stöcken Rauch tranken". Ebenso beobachteten sie, dass „große getrocknete Blätter, die ihnen wertvoll zu sein schienen" in Booten transportiert wurden, so jedenfalls notierte Kolumbus es in seinem Reisetagebuch.

Heute wissen wir, dass schon lange vor Kolumbus dieses „Kraut" als eine der ältesten, aber gleichzeitig auch umstrittensten Kulturpflanzen der Menschheit, kultiviert wurde. Christoph Kolumbus war es, der das Wissen zu dieser Pflanze nach Europa brachte. Es dauerte nicht lange und der Tabak eroberte die Fürstenhöfe Europas. Dem Tabak eilte der Ruf als wundersames Heilmittel voraus und so wurde er in jeder erdenklichen Form, beispielsweise auch als Kautabak oder Schnupftabak, genossen.

Nikotin findet sich vor allem in dem robusten Nachtschattengewächs Tabak. Dieser Pflanzenwirkstoff, der in seiner reinsten Form zu den giftigsten Wirkstoffen überhaupt gehört und die Pflanze vor Schädlingen schützt, ist nicht nur Bestandteil des „blauen Dunsts", sondern seit 1900 auch Bestandteil vieler Medikamente und aus der Medizin und Pharmazie nicht mehr wegzudenken.

Der trotz nachgewiesener gesundheitlicher Risiken weit verbreitete Tabakgenuss war zugleich schon immer eine willkommene Einnahmequelle für den Staat. Von Importzöllen über Geldstrafen für das Rauchen bis hin zur Tabaksteuer profitierten und profitieren Staatshaushalte von der „Tabaksucht" der Menschen. Trotz aller Aufklärungskampagnen stammen allein in Deutschland noch immer mehr als 10 Mrd. Euro des staatlichen Haushaltes aus dem Tabakkonsum.

Produkte der Zigarrenherstellung

Königin der Blumen
Die Rose

Kaum eine andere Pflanze hat bei so vielen Völkern so große Wertschätzung und mystische Verehrung erfahren wie die Rose. Bereits im Palast des Königs Minos auf Kreta sind auf Fresken Rosen abgebildet. Herodot beschreibt im vierten vorchristlichen Jahrhundert die großartigen Rosengärten des thrakischen Königs Midas und auch Homer erwähnt die besondere Bedeutung der Rosen. Den Rosen-Luxus trieben dann die privilegierten Römer der Spätantike auf die Spitze.

Bereits im alten Rom war es üblich, vornehme Gäste mit Rosenkränzen zu schmücken und sie mit Rosenwein und Rosenkuchen zu bewirten. Später ließ der römische Kaiser sogar den Fußboden so hoch mit Rosenblättern bedecken, dass bei Orgien betrunkene Zecher darin zuweilen erstickten. Diese überlieferten Beispiele zeigen, in welchen Umfang schon damals Rosen kultiviert wurden und welche herausgehobene Rolle seit frühester Zeit die „Königin der Blumen" im täglichen Leben, aber auch in der Kunst und Kultur, gespielt hat.

Rosen stellen auch ein wichtiges Handelsgut dar. Mehr als 950 Millionen Rosen werden allein als Schnittblumen in jedem Jahr nach Deutschland importiert.

Die Gattung *Rosa* umfasst ca. 250 Arten. Durch Mutationen und vor allem Züchtungen wurden bis heute über 12.000 Kultursorten hervorgebracht. Trotz der heute weltweiten Verbreitung von Rosen liegen die Ursprünge der Gattung *Rosa* auf der nördlichen Erdhalbkugel. Südlich vom Äquator hat es keine Rosen in freier Natur gegeben.

Zu mehr als 85 % stammen die Wildrosen, wie die Vorfahren aller heutigen Kulturrosen genannt werden, aus dem Fernen Osten. Nur etwa 10 % kommen ursprünglich aus Europa und 5 % sind in Nordamerika heimisch. Durch Forscher und Rosenliebhaber, die von ihren Reisen zahlreiche Wildrosenarten u. a. für Züchtungszwecke mit nach Hause brachten, wurde das Verbreitungsgebiet der wild wachsenden Rosen erheblich erweitert. Wegen ihrer großen Anpassungsfähigkeit sind Wildrosen, wie z. B. auch die bei uns häufig anzutreffende Kartoffelrose (*Rosa rugosa*), vielerorts verwildert anzutreffen.

Durch Änderung des Erbmaterials (Mutation) oder aus der Kreuzung (Hybridisation) zwischen verschiedenen Wildrosen bzw. zwischen Wildrosen und Kulturrosen sind die Rosenarten und -sorten hervorgegangen, die besondere Aufmerksamkeit der Menschen erlangt haben. Bei der Züchtung von Rosen wird seit langem auf die Blütenform und Blütenfarbe großen Wert gelegt. Auf diese Sorten- und Formenvielfalt soll hier nur kurz am Beispiel der europäischen Wildrosen eingegangen werden.

Die europäischen Wildrosen weisen einige typische Merkmale auf, die sie von Rosen aus anderen Ursprungsgebieten unterscheiden. Beispielsweise findet man in den Blüten europäischer Wildrosen keine ausgeprägten Gelb- oder Rottöne. Typischer sind eher weiße, rosa oder purpurne Blütenfarben. Ebeno wie die nordamerikanischen Wildrosenarten blühen auch die europäischen Arten nur einmal im Jahr. Weiterhin haben die europäischen Wildrosenarten, im Gegensatz zu den asiatischen Arten, nur einzeln stehende Blüten oder aber Blütenstände, die sich nur aus sehr wenigen Blüten zusammensetzen.

Rosenmotive auf Briefmarken, Veredlung alter Sorten

Königin der Blumen
Die Rose

Die bekannteste und an Waldrändern und in Hecken am weitesten verbreitete einheimische Wildrose ist die Hundsrose (*Rosa canina*). Auch wenn diese Art, von der heute mehr als 60 Varietäten und Formen bekannt sind, nur wenig zur Kreuzung mit Gartenrosen herangezogen wurde, so ist sie dennoch für die Rosenzucht von großer Bedeutung. Einige ihrer Hybriden gehören zu den wichtigsten Veredlungsunterlagen der Kulturrosen.

Zu den ältesten Kulturrosen zählt *Rosa gallica* (Gallische Rose oder auch Essigrose genannt). Diese anspruchslose europäische Wildrosenart gehört zu den ältesten Kulturrosen und wird seit vielen Jahrhunderten zur Duftherstellung benutzt.

Der Anbau und die Kultivierung von Rosen war in allen Zeitepochen verbreitet. Besonders schnelle Fortschritte machte die Rosenzüchtung aber seit dem frühen 19. Jahrhundert. Das Augenmerk richtet sich dabei auf Züchtungen von Pflanzen mit scharlachroten Blüten und zweiter Blüte im Herbst. Diese Eigenschaften, die man in ganz Europa bis dahin nicht kannte, stammen von aus China importierten Rosenpflanzen, die auf die untergegangene Uraltpflanze *Rosa chinensis* ‚Spontanea' zurückgeht. Im Jahr 1810 tauchten aus Kanton kommend auch die ersten Teerosen (*Rosa odorata*) in England auf. Diese Pflanzen dufteten nicht nach Tee, sondern sie wurden von chinesischen Teepflanzern angebaut, um mit ihren Blütenblättern dem schwarzen Tee eine besonders feine Duftnote zu geben. Aus diesen ersten Teerosen sind durch viele Kreuzungen die heutigen Teehybriden hervorgegangen, die mit ihren großen, dicht gefüllten und pastellfarbenen Blüten ganz dem Bild entsprechen, das man sich von Edelrosen macht.

Neben den Blüten ist ein auffälliger Schmuck vieler Rosen die Frucht, die allgemein auch als Hagebutte bezeichnet wird. Aus botanischer Sicht handelt es sich dabei um sogenannte Scheinfrüchte mit Nüsschen (Samen), die sich aus einem Kelchbecher entwickelt haben. Die Hagebutten vieler Wildrosenarten sind aufgrund ihres hohen Vitamin C-Gehaltes und des großen Fruchtfleischanteils schon seit langem von kulinarischer und heilmedizinischer Bedeutung.

Schlafäpfel – Die Gallen der Rosen-Gallwespe

In so gut wie jeder Hundsrose finden sich moosartige, schön rotgelb geflammte Bälle. Es handelt sich dabei um die mehrfach gekammerten Gallen der Rosen-Gallwespe, die hier ihre Larven untergebracht hat. Im Volksmund heißen diese Auswüchse „Schlafäpfel", da sie, unter das Kopfkissen gelegt, angenehme Träume verheißen, wenn es sein muss einhundert Jahre wie bei Dornröschen … Verliebte Paare, die sich gegenseitig diese Galläpfel schenkten, durften sicher hoffen, einander treu zu bleiben.

Die robuste Kartoffelrose (*Rosa rugosa*) stammt ursprünglich aus NO-Asien und wird bei uns wegen ihrer großen Blüten und dicken Hagebutten angepflanzt

Lorbeer, Palme und Zitrone
Auszeichnungen mit Pflanzen

Menschen für besondere Leistungen auszuzeichnen, ist weit verbreitet. Der Lorbeerkranz spielt dabei eine besondere Rolle und hat eine sehr lange Tradition. Bereits die Griechen verwendeten das Laub des Lorbeerbaums (*Laurus nobilis*) zur Huldigung. Angeblich soll diese Zeremonie auf die keusche Nymphe Daphne zurückgehen, die dem zudringlichen griechischen Gott Apoll eine Abfuhr erteilte und sich flüchtend in den ersten Lorbeerbaum verwandelte. Daraufhin soll sich der reumütige „Sittenstrolch" aus dem „heiligen Blattwerk" einen Lorbeerkranz geflochten und ihn auf den Kopf gesetzt haben. Dem Lorbeer schreibt man seitdem physisch und moralisch reinigende Wirkung zu. Zurückkehrenden Kriegern übergab man zur symbolischen Reinigung des in der Schlacht vergossenen Blutes einen Lorbeerkranz. Neben dieser militärischen Bedeutung, die sich bis in unsere Zeit erhalten hat, galt der Lorbeer auch als Symbol für dichterische Inspiration. Diese alte griechische Tradition wurde im Spätmittelalter von den deutschen Kaisern aufgegriffen und lebt in ähnlicher Form, insbesondere auch als huldigende Auszeichnung im Sport, bis heute fort.

Immer wieder tauchen Pflanzen auf, die aufgrund ihrer symbolischen Bedeutung als Auszeichnung verwendet wurden. So wurde die Goldene Rose (Tugendrose) des Papstes am sogenannten Rosensonntag, dem dritten Sonntag vor Ostern, an eine Persönlichkeit oder Einrichtung verliehen, die sich besonders um die Kirche verdient gemacht hatte. Die Rose gilt seit dem 15. Jahrhundert als das Christussymbol. Das Gold soll für das Königtum Jesu stehen. Die Rosenblüte symbolisiert sein Leiden und der Rosenduft steht für seinen Ruhm und seine Auferstehung.

Auch in jüngerer Zeit werden Pflanzen oder Pflanzenteile in symbolischer Form als Auszeichnung verwendet. Anlass der Verleihung sowie Sinn und Zweck sind vielfältig und manchmal auch nicht ganz ernst gemeint. Möglicherweise erinnern sich noch einige an die *Silberne Zitrone* des ADAC, der 1971 erstmals einen unpopulären Preis aussetzte: Ausgezeichnet wurde der Neuwagen mit den meisten Pannen und Herstellungsfehlern. Als erster „Sieger" wurde ein Ford Taunus 1600 XL ermittelt. Umgangssprachlich gilt die Zitrone seitdem immer noch als Preis für fehlerhafte oder minderwertige Produkte und Dienstleistungen.

Ein deutsches Reisemagazin vergibt seit mehr als 15 Jahren die Goldene Palme für die kreativste, beste und originellste Reise des Jahres. Die höchste Auszeichnung dieser Art wird traditionell auf der Tourismusmesse in Berlin überreicht. Die Auszeichnung soll Reiseveranstalter motivieren, als Mittler der Kulturen aufzutreten. Eine goldene Palme *(Palme d'Or)* ist auch der wichtigste Filmpreis, der bei den Internationalen Filmfestspielen von Cannes vergeben wird. Mit dieser Auszeichnung wird jeweils der beste Film des Wettbewerbs geehrt.

Eine pflanzliche Auszeichnung der besonderen Art ist der *Mannheimer Goldene Apfel*, den Studenten als Anerkennung für besonders gute Lehrveranstaltungen regelmäßig an der Mannheimer Universität verleihen.

Minucchio da Siena,
die goldene Tugendrose des Papstes aus der Zeit um 1330

Die Macht der Düfte
Ein Markt grenzenloser Impression

Bereits die Ägypter waren für ihre Duftzubereitung weltberühmt. Priester lehrten, wie man ausschließlich von Pflanzen aromatische Grundsubstanzen gewinnt. So gehörten Flakons mit ätherischen Ölen zu den wichtigsten Opfer- und Grabbeigaben. Auch das Ritual der Einbalsamierung der Pharaonen mit dem Ziel der Unsterblichkeit war von Ölen und Duftpflanzen bestimmt. Weihrauch und Myrrhe als besonders wertvolle Düfte wurden zeitweise mit Gold aufgewogen. Handelswege entstanden für die begehrten Düfte und so ist die Weihrauchstraße, die Kleinasien, Damaskus, Arabien und Äthiopien sowie nach Osten Persien verband, bis heute ein Begriff.

Der Markt der Düfte, auf dem heute neben ätherischen Ölen vor allem Parfüms angeboten werden, ist unübersehbar groß geworden. Täglich werden wir durch Werbung einer mächtigen Industrie immer auf's Neue auf die erfolgs- und glücksbringenden Eigenschaften von Düften aufmerksam gemacht. Schon wenige Tropfen pflanzlichen Duftwassers sollen, wie bereits vor 3.500 Jahren im alten Ägypten, unsere Sehnsucht nach Schönheit und Erfolg stillen.

Doch warum duften Pflanzen eigentlich und warum produzieren sie mit hohem energetischen Aufwand verschiedene Duftstoffe? Pflanzen können sich nicht von der Stelle bewegen und so sind viele zur Fortpflanzung auf Tiere angewiesen. Mit ihrem Duft locken sie verschiedene Tiere an. Diese Tiere spielen dann, angelockt vom Blütenduft, den notwendigen Bestäuber. Tiere können Pflanzen aber auch gefährlich werden. Die Blätter von Rosmarin oder Salbei verströmen daher einen würzigen Geruch und so werden sie vor möglichen Fraßfeinden geschützt.

Die leichtflüchtigen, ölartigen Substanzen, die die Pflanzen als Duftstoffe abgeben, nennt man **ätherische Öle**. Manche Pflanzen geben diese Düfte nur gezielt zu bestimmten Tageszeiten ab, da es sie viel Energie kostet, diese ätherischen Öle zu produzieren.

Menschen haben sich die Pflanzendüfte für die Herstellung von Parfum zu Nutze gemacht. An sogenannten **Duftorgeln** werden neue Düfte kreiert und genau dokumentiert. Ätherische Öle spielen dabei, neben synthetischen Substanzen noch immer eine große Rolle.

Das älteste in Deutschland erhältliche Duftwasser ist übrigens ein Kölnischwasser mit der geschützten Herkunftsbezeichnung **Original Eau de Cologne** der Firma „Farina gegenüber". Der Firmengründer **Johann Farina** (1685–1766) kreierte im Jahr 1709 ein Duftwasser aus Ölen von Orange, Zitrone, Limette, Bergamotte, Mandarine, Zeder und Pampelmuse sowie Kräutern, das er zu Ehren seiner Heimatstadt *„Eau de Cologne"* nannte. Dieses Duftwasser ist heute weitgehend unbekannt, denn im allgemeinen Sprachgebrauch ist immer noch das deutlich anders riechende *4711* bekannt, ebenfalls ein Eau de Cologne, dessen Name von der Hausnummer am Stammhaus in der Kölner Glockengasse stammt.

Lavendelernte in Frankreich

Gerüchte aus dem Orient
Weihrauch, Balsam, Safran und Myrrhe

„Die Stadt Rom stank und zwar dermaßen, dass jeder zum Wasser strebte, zu den Brunnen und in die Bäder, nicht zuletzt aber auch zu den Flakons und den Räucherpfannen mit den Wohlgerüchen des Orients" Solche und andere Zitate finden sich in zahlreichen Beschreibungen der römischen Hauptstadt. Es war eine zweigeteilte Gesellschaft, die zwischen dem allgegenwärtigen Schmutz und den Badeinseln der Sauberkeit und des Luxus lebte. Seife im modernen Sinn gab es in Rom nicht. Stattdessen benutzte man in den Bädern Öl und Lupinenmehl. Wer das Bad verließ, versuchte sich mit einem guten Duft gegen den Gestank und die Krankheiten auf der Straße zu wappnen. Auch im häuslichen Leben cremte man sich ein und parfümierte sich je nach den Möglichkeiten seines Geldbeutels. In wohlhabenderen Häusern schlief man in leicht parfümierter Bettwäsche. Dies erklärt, warum Parfüm- und Kräuterhändler in Rom ständig Hochkonjunktur hatten.

In der Stadt gab es ganze Straßenzüge mit unzähligen Verkaufsständen wie z. B. die *Via Piperatia* (frei übersetzt „Gewürzstraße"). In große Mengen wurden dort Wacholder, Lorbeer, Salbei und Minze sowie Haselwurz und Ginster angeboten. Zur Abwehr all der unangenehmen Gerüche verwendete man nur pflanzliche Stoffe, wobei Balsam, Myrrhe und Weihrauch zu den Pflanzen gehörten, die besonders begehrt und damit teuer waren. Diese drei genannten pflanzlichen Stoffe sowie Safran kamen in der mediterranen Welt nicht vor, sondern wuchsen nur im subtropischen Klima und wurden schnell zu einem Statussymbol der Römer. Von diesen kostspieligen Duftnoten favorisierten die Römer den Weihrauch, der ihnen einen „feierlichen" Geruch verlieh. Bereits im pharaonischen Ägypten hatten die Herrscher Expeditionen in das legendäre Weihrauchland Punt entsandt, um den Aromabedarf der Tempel zu decken.

Doch was ist **Weihrauch**? Es handelt sich um die Ausscheidungen des Weihrauchbaumes (*Boswellia*) aus der Familie der Balsamgewächse, die mit mehr als einem Dutzend Arten beispielsweise im mittleren Teil der südarabischen Küstenregion sowie in Somalia und Ostafrika heimisch sind. Geerntet wird ein tränenförmiges Baumharz, dass über ein bis zwei Wochen aus eingeschnittenen Stamm- und Aststücken als milchigweißer, harziger Saft quillt. Wesentliche Bestandteile dieses Saftes sind Harze und Harzsäuren (60 %), Gummi (25–30 %) sowie ätherische Öle (5–10 %).

Zusammen mit dem Weihrauch, dem kostbarsten Gut, das auf der sog. Weihrauchstraße nach Westen transportiert wurde, gelangte auch **Safran**, eine kleinwüchsige Zwiebelpflanze, nach Europa. Beim Safran sind es nur die winzigen, den Farbtoff Krozin und ätherische Öle enthaltenden Narbenschenkel, die unter enormem Aufwand geerntet wurden und das kostbare Handelsgut darstellten. Auch der arabische **Balsam**, ein farbloses, angeehm duftendes harziges Sekret von *Commiphora opobalsamum* kam so nach Europa. Mit der arabischen **Myrrhe**, ebenfalls einem Harz, das aus den jüngeren Zweigen des niederwüchsigen Dornenbaumes (*Commiphora abyssinica*) stammt und traditionell als Betäubungsmittel verwendet wurde, gelangte ein weiterer Wohlgeruch des Orients zu uns, der bis heute durch seinen Bezug zu den Weisen aus dem Morgenland in der Heiligen Geschichte unvergessen ist.

Safran gelangte als sehr kostbares Handelsgut über die Weihrauchstraße aus dem Orient nach Europa

Crocus sativus L.

Von Wollbäumen und Brennesseln
Faserpflanzen

Baumwolle, Flachs, Jute, Brennnessel, Kapokbaum, Sisal-Agave, Hanfpalme, Kokosnuss, Faserbanane und viele andere Pflanzen liefern jedes Jahr Millionen von Tonnen pflanzlicher Fasern, die trotz synthetischer Spinnfasern und Garne weltweit wichtige Handelsprodukte sind.

Naturfasern unterscheidet man in drei Gruppen, zu denen die tierischen, aus Eiweiß bestehenden Fasern (z. B. Schafwolle und andere Tierhaare) sowie mineralische Fasern (z. B. Asbest) und die aus pflanzlicher Zellulose bestehenden **Pflanzenhaare**, **Bastfasern** und **Hartfasern**, gehören. Zu den Pflanzenhaaren zählt man die Baumwolle und den Kapok. Bast- oder Stängelfasern sind beispielsweise Flachs, Hanf, Jute und Ramie. Zu den Hartfasern gehören z. B. Kokos und Sisal. Allen drei Gruppen gemeinsam ist, dass sie aus pflanzlicher Zellulose bestehen und unterschiedliche Eigenschaften aufweisen. Drei Pflanzenarten werden im Folgenden kurz vorgestellt:

Unter erheblichen Umweltbelastungen werden derzeit in den Tropen und Subtropen weltweit etwa 20 Millionen Tonnen Rohbaumwollfasern produziert. Bei **„Baumwolle"** handelt es sich um 2.000 bis 7.000 Samenhaare, die sich 200 Tage nach der Aussaat in einer Samenschale entwickeln. Die heute kultivierte Baumwolle hat zwei Ursprungszentren. Es handelt sich dabei um den nordamerikanischen und den indischafrikanischen Raum. Die Baumwolle, die anfänglich in Europa eine nur unbedeutende Rolle spielte, hat sich seit Ende des 19. Jahrhunderts zu der Textilfaser schlechthin entwickelt. **Flachsanbau** und **Leinenweberei**, wie sie u. a. in Westfalen weit verbreitet waren, verschwanden nahezu vollständig unter dem Druck der billigeren Baumwollimporte.

Nach der Baumwolle ist **Jute** die wirtschaftlich bedeutendste Naturfaser der Welt. Zwei einjährige asiatische *Corchorus*-Arten aus der Familie der Lindengewächse (Tiliaceae) sind heute die Hauptlieferanten der reißfesten und gut anfärbbaren Faser. *Corchorus*-Pflanzen wurden in asiatischen Gärten früher gerne als Kochgemüse angebaut. Die Fasernutzung erfolgte weitgehend für den Eigenbedarf. Etwa 75 % der weltweiten Juteproduktion, die überwiegend in Indien und Bangladesh erfolgt, wird derzeit zu Verpackungsmaterialien (Säcke, Taschen) verarbeitet. Das Zentrum der europäischen Jutewebereien ist Deutschland. U. a. stehen im münsterländischen Emsdetten moderne Jutespinnereien und -webereien.

Der bis 50 m hohe Woll- oder **Kapokbaum** (*Ceiba pentandra*), der ursprünglich aus den Wäldern Mittel- und Südamerikas stammt, besitzt in seinen etwa 15 cm langen Fruchtkapseln sehr weiche „Pflanzendaunen" (Fruchthaare, Kapok). In jüngerer Zeit werden diese Fruchthaare zunehmend als Füllmaterial für Matratzen und Kissen, aber auch als Schwimmgürtel und Rettungsringe sowie als Isoliermaterial genutzt.

Die Liste der von Menschen genutzten Faserpflanzen ist lang. Mehr als die Hälfte aller Textilrohstoffe werden heute aus Pflanzenfasern gewonnen.

Kapokfrüchte sind mit sehr weichen Pflanzendaunen gefüllt

Vom Baum zum Stuhl
Möbelindustrie in Westfalen

Westfalen ist das Land von Buche und Eiche, zwei heimischen Baumarten, die auch wirtschaftlich in der Region vielfältig genutzt werden. Eine der bedeutendsten europäischen Regionen der Möbelindustrie ist Ostwestfalen, wo beispielsweise 70 % aller deutschen Küchenmöbel hergestellt werden.

Die Entstehung der ostwestfälischen Möbelindustrie wurde durch den Niedergang eines anderen von pflanzlichen Rohstoffen geprägten Wirtschaftszweiges, der Leinenweberei, gefördert. Billige Arbeitskräfte standen in großer Zahl zur Verfügung, die im Nebenerwerb einerseits Landwirtschaft betrieben, andererseits in Tischlereien Möbel produzierten. Da der Bedarf an Möbeln, besonders in den Ballungsräumen stieg, ging man dazu über, in arbeitsteiliger Fertigung eine Serienproduktion aufzubauen. Der gleichzeitige Ausbau der Schienenwege ermöglichte einerseits die Auslieferung des Massengutes Holzmöbel, andererseits wurde auf ihm das notwendige Holz in die Region gebracht.

Der Schwerpunkt der Holzverarbeitung lag im heutigen Kreis Herford, wo besonders Möbel für die Arbeiterhaushalte im Ruhrgebiet produziert wurden. Die Steinheimer Möbelwerke im Kreis Höxter produzierten dagegen teure Stilmöbel für die Häuser reicher Bürger. In der lippischen Stadt Blomberg waren die Stuhlproduktion und die Sperrholzherstellung von großer Bedeutung. Zeitgleich mit den Tischlereien, die ständig ihre Produktionsmöglichkeiten erweiterten, wurden in Ostwestfalen Spezialmaschinen hergestellt, die beispielweise Endlosfurnier herstellen konnten. Auch wenn seit 1970 die Zahl der Möbelfabriken und damit auch der Beschäftigen in diesem Wirtschaftsbereich zurückgehen, so haben dennoch viele überregional bedeutende Unternehmen ihren Sitz in der Region.

Das Ausgangsmaterial für viele Möbel ist neben der traditionell für den Holzmöbelbau verwendeten **Eiche** (*Quercus robur*) die in Mitteleuropa heimische **Buche** (*Fagus sylvatica*). Mit ihr lassen sich nicht nur Schränke und Furniere aller Art herstellen, sondern insbesondere auch Sitzmöbel, für die vielfach gebogene Formen typisch sind.

Das Holz der Buche hat farblich einen homogenen Aufbau, der sich über den gesamten Stammquerschnitt zieht. Hinzu kommt, dass das Buchenholz eine große Härte und Biegefestigkeit aufweist, die insbesondere für die Stuhlproduktion von großer Wichtigkeit ist. Durch das Verfahren des Dämpfens des Rohholzes wird die Holzfarbe „angefeuert" wie die Fachleute sagen, d. h. intensiviert. Ölhaltige Holzversiegelungen und Wasserlacke fördern diese Eigenschaften ebenfalls. Für den Einsatz im Freien ist Buchenholz dagegen nicht geeignet, da es dort schnell verrottet.

Ein in der Stuhlfabrik Schnieder in Lüdinghausen hergestellter Stuhl und Halbfertigprodukte aus Buchenholz

Gummibaum und Co.
Pflanzensäfte bewegen die Welt

Die Nutzung des **Kautschuks** hat in besonderer Weise die Welt verändert. Mit der Entdeckung des Verfahrens der Vulkanisation durch **Charles Goodyear** im Jahr 1839 und der daraus resultierenden Entwicklung der Gummireifen hat sich die Mobilität ständig erhöht. Der pflanzliche Grundstoff für diese weltweite Mobilität ist bis heute der Kautschuk. Es handelt sich hierbei um den Milchsaft (Latex) von tropischen Pflanzen. Bei Verletzungen dieser Bäume schützt ihr Milchsaft vor dem Befall mit Bakterien. Pflanzlicher Kautschuk, der auch als Naturlatex bezeichnet wird, wird vor allem aus dem Kautschukbaum (*Hevea brasiliensis*) gewonnen, der wiederum zur Familie der Wolfsmilchgewächse gehört. **Gummi arabicum** ist dagegen der Saft einer afrikanische Akazie, der u. a. im pharmazeutischen Bereich verwendet wird.

Kautschuk und kautschukähnliche Pflanzensäfte werden beim Eintrocknen durch sogenannte Polymerisation zu plastisch-elastischen Feststoffen, die man heute auch allgemein als Gummi bezeichnet. Durch Vulkanisation, d. h. durch die Erhitzung unter Zugabe von Schwefel, lassen sich neben den Autoreifen auch viele andere Produkte (Gummistiefel, Radiergummi, u. ä.) herstellen. Der größte Teil der weltweiten Gummiproduktion geht aber in die Reifenherstellung. Dem bernsteinfarbenen Naturkautschuk wird künstlich hergestellter Ruß zur Verbesserung von Härte, Abrieb und Reißfestigkeit beigemischt. Hierdurch erhält auch der Autoreifen seine typische schwarze Farbe.

Noch heute wird Naturkautschuk von manchen Naturvölkern als Weihrauchersatz verbrannt. Auch Kaugummi, der früher aus getrocknetem und unvulkanisiertem Naturlatex des mittelamerikanischen Sapotillbaumes (**Chicle**) hergestellt wurde, geht auf den Milchsaft einer tropischen Pflanze zurück. **Thomas Adams** (1818–1905) gilt allgemein als Erfinder des Kaugummis. Statt der bis dahin verkauften Kaugummikugeln bestehend aus Paraffinwachs schnitt er Chicle in Streifen. Diese Streifen versah er mit weiteren Geschmacksstoffen und verkaufte sie dann in Drogerien. Seine Versuche, den Saft des Sapotillbaumes als Kautschukersatz zu verwenden, scheiterte, um so erfolgreicher war aber der Verkauf seiner Kaugummistreifen. Heute ist es meist eine synthetische Kaumasse auf Erdölbasis, die die Grundlage für das bei uns erhältliche Kaugummi bildet. 600 Millionen Streifen sind es, die in Deutschland jährlich verkauft werden.

Das Harz des Orientalischen Amberbaums (*Liquidambar orientalis*), das auch als **Styrax** bezeichnet wird, bildet die Grundlage für das von dem Berliner Apotheker Eduard Simon erstmals gewonnene **Styrol**. Styrol (Handelsname: *Styropor*) wird heute zu vielen Kunststoffen (z. B. zu Polystyrol) weiterverarbeitet und ist darüber hinaus ein wichtiges Zwischenprodukt in der chemischen Industrie.

In der Natur ist Styrol ein Aromastoff und kommt in kleinen Mengen in Kiwis und Weintrauben sowie im Duft der Orchideenblüten vor. In größeren Mengen gilt Styrol als gesundheitsgefährlich. Bestäuber werden durch Styrol zu den Blüten gelockt und vom Duftstoff angelockte Konsumenten tragen zur Samenverbreitung bei. Dass Styrol in geringen Mengen auch in Parfüms eingesetzt wird, ist in diesem Zusammenhang nicht verwunderlich.

Kautschukbaum *(Hevea brasiliensis)* und Latexgewinnung

Vorbild Pflanze
Bionik (Sebastian Schlering)

Bionik als Wissenschaftsdisziplin befasst sich mit der technischen Umsetzung und Anwendung von Konstruktionen, Verfahren und Entwicklungsprinzipien biologischer Systeme. Vereinfacht gesagt, ist Bionik das Lernen von der Natur für eine bessere Technik.

Dabei spielt die interdisziplinäre Zusammenarbeit von Naturwissenschaftlern, Ingenieuren und Architekten eine zentrale Rolle. Der Begriff „Bionik" (international als biomimetics bezeichnet) wird aus BIOlogie und TechNIK zusammengesetzt und ist ein Kunstwort.

Die Natur muss mit Energie und Ressourcen gut haushalten. Aus diesem Grund sind die biologischen „Erfindungen" in vielen Bereichen erheblich effizienter als vergleichbare technische Lösungen. Biologisch inspirierte Produkte oder Verfahren sind deshalb in den meisten Fällen gleichzeitig ökologischer und ökonomischer. Bionik kann zu einem besseren Einklang zwischen Mensch, Technik und Natur beitragen.

In den letzten Jahren ist das große Potenzial der Bionik zunehmend erkannt worden und das Interesse der Öffentlichkeit, der Technik und der Wirtschaft an diesem Wissenschaftsbereich stark gewachsen. Dabei ist die Idee, die Natur als Vorbild zu nehmen, kein neuartiger Gedanke. Als Pionier der Bionik ist **Leonardo da Vinci** (1452–1519) zu nennen. Er beschrieb in seinem um 1505 erschienenen Werk *Codice sul volo degli uccelli* (Codex über den Vogelflug) den Mechanismus des Vogelfluges äußerst präzise und versuchte anschließend, seine Erkenntnisse technisch umzusetzen.

Das erste deutsche Patent im Bereich Bionik wurde dem Münchener Biologen **Raoul Heinrich Francé** im Jahr 1920 erteilt. Er entwarf nach dem Vorbild der Fruchtkapsel einer Mohnpflanze den ersten Salzstreuer, der das Salz gleichmäßig und dosiert verteilen konnte. So eigenartig das auch klingt: Der Francésche Salzstreuer ist ein Meilenstein der Bionikgeschichte.

Heute findet die Bionik Anwendung in sämtlichen Fachbereichen. Die im buddhistischen Glauben für Reinheit stehende Lotus-Pflanze (*Nelumbo nucifera*) wächst an schlammigen Ufern und hat dennoch stets saubere Blätter. Der nach ihr benannte **Lotus-Effekt** beruht auf einer wasserabweisenden und im Mikrometer-Bereich strukturierten Blattoberfläche, von der sogar Flüssigkleber abperlt. Materialwissenschaftler entwickelten nach dem Vorbild der Lotus-Pflanze die Fassadenfarbe LOTUSAN©, die der Oberfläche wasserabweisende und selbstreinigende Eigenschaften verleiht.

Ein weiterer Gebrauchsgegenstand, dessen Entwicklung durch Naturkonstruktionen inspiriert wurde, ist der **Klettverschluss**. Als Vorbild diente dabei die Frucht der Klette (*Arctium spec.*). Der schweizerische Ingenieur George de Mestral meldete den textilen Klettverschluss 1951 unter dem Namen VELCRO© an.

Bionik beinhaltet nach wie vor ein hohes Potenzial für die Entwicklung ökologisch verträglicher Technologien nach dem Vorbild der Natur.

Bambus, Mohnkapsel, Klette

Rekordverdächtiges
Pflanzen als Weltrekordler

Pflanzen sind in der Lage, besondere Leistungen zu erbringen. So können Bäume wie die nordamerikanische Grannenkiefer bis zu 4.600 Jahre alt sein. Mammutbäume zählen ebenfalls zu den Bäumen mit einem sehr hohen Lebensalter, obgleich sie „nur" bis zu 3.000 Jahre alt werden. Rekordverdächtig ist auch das Wachstum von einigen Pflanzen. In Malaysia beobachtete man, wie eine *Albizia*-Pflanze (Schlafbaum) in einem Jahr 10 Meter an Höhe zunahm. Noch schneller wachsen einige Bambusarten, die zu den Gräsern gehören und bis zu 90 cm an einem Tag zulegen können.

Mit bis zu 40 m Umfang ist übrigens der afrikanische Affenbrotbaum, auch Baobab genannt, der Baum mit dem dicksten Stamm. Jeder Baum hat eine Rinde, die ihn vor Umwelteinflüssen schützt. Rekordverdächtig ist die Rinde der portugiesischen Korkeichen. So lieferte eine 212 Jahre alte Korkeiche bei einer einzigen Ernte Korken für 100.000 Weinflaschen.

Es gibt aber auch Bäume, die nur extrem langsam wachsen. Zwei Beispiele seien genannt: In arktischen Regionen wachsen winzige Weißweiden heran und die Kanadische Weißzeder ist nach 150 Jahren immer noch nicht größer als 15 cm. Die kleinsten Pflanzen sind vermutlich die australische Wasserlinse und die brasilianische Sumpfwasserlinse. Ihre Blüten sind kleiner als ein Salzkorn und nur ein Viertel Millimeter groß. Das Gewicht der Pflanze wurde mit 70 Mikrogramm bestimmt.

Für besonders viele Pflanzenarten auf engstem Raum ist der tropische Regenwald bekannt. Man hat festgestellt, dass z. B. in dem größten tropischen Regenwaldgebiet der Erde, im Amazonasgebiet in Brasilien, an einem Baum bis zu 400 verschiedene Arten vorkommen können. Besonders viele Pflanzenarten hat die Familie der Orchideen. Bisher hat man 35.000 Arten gefunden und bestimmt.

Manche Pflanzen versuchen sich vor ihren Feinden zu schützen. So gibt es Pflanzen, die sind so giftig, dass man schon allein durch die Berührung zu Tode kommen kann. Die in Neuseeland vorkommende Brennnessel *Urtica ferox* enthält Giftstoffe, die Hunde und sogar Pferde, wenn sie mit der Pflanze in Berührung kommen, töten.

Zu wahren Meisterleistungen ist auch die Wasserhyazinthe fähig. Sie wächst so schnell und kräftig, dass sie ganze Flussabschnitte für die Schifffahrt lahm legen kann. Bei den Wasserpflanzen ist der Papyrus mit 5 m Höhe als die höchste Wasserpflanze zu nennen. Blätter mit über 2 m Durchmesser bildet die in den tropischen Regenwäldern vorkommende Riesenseerose (*Victoria amazonica*) aus.

Vom Roggen weiß man, dass er das längste bekannte Wurzelwerk besitzt und innerhalb von 4 Monaten ein Wurzelsystem mit einer Länge von bis zu 10.000 km ausbilden kann.

Die Titanenwurz ist die Pflanze mit der größten Blütenknospe (2 m hoch) und strömt einen im Umkreis von 800 m wahrnehmbaren Geruch nach verwesendem Fleisch aus.

Im Pazifik kommt die längste Alge der Welt vor. Sie heißt *Macrocystis pyrifera* und wächst etwa 45 cm am Tag. So kann sie bis zu 60 m lang werden. Algen sind übrigens die wichtigsten Sauerstoffproduzenten auf unserem Planeten. Etwa 70 % des Sauerstoffs werden von ihnen produziert.

Titanenwurzblüte

Literaturverzeichnis

ALEXANDER, C. (2004): Die Bounty. Die wahre Geschichte der Meuterei auf der Bounty. Berlin. 624 S.

BAYRHUBER, H. & U. KULL (Hrsg.) (2005): Linder Biologie. 22. Auflage, Braunschweig, 560 S.

BECKHAUS, K. (1893): Flora von Westfalen. Münster, 1096 S.

BLACK, D. (1979): Carl von Linné – Die großen Reisen. Dortmund, 108 S.

BRUNKEN, U. (2001): Eine kurze Geschichte der Pflanzenjagd. In: Grünes Gold, Sonderheft 35, Palmengarten (Hrsg.), Frankfurt, S. 7 – 18

BÜCHEL, K. G. (2005): Bionik – Wie wir die Baupläne der Natur nutzen können. München, 416 S.

DIERSCHKE, H. & G. BRIEMLE (2002): Kulturlandschaft. Stuttgart, 239 S.

DIERßEN, K. & B. DIERßEN (2001): Moore. Stuttgart, 230 S.

DUVE, K. & T. VÖLKER (1999): Lexikon berühmter Pflanzen. Zürich, 319 S.

ELLENBERG, H (1996): Vegetation Mitteleuropas mit den Alpen. 5. Auflage, Stuttgart, 1095 S.

ERLBECK, R., HASEDER, I. & G. STINGLWAGNER (1998): Das Kosmos Wald- und Forstlexikon. Stuttgart, 880 S.

FRAHM, J.-P. & W. FREY (2004): Moosflora. 4. Auflage, Stuttgart, 538 S.

FREY, W. & R. LÖSCH (1998): Lehrbuch der Geobotanik, Pflanze und Vegetation in Raum und Zeit. Stuttgart, 436 S.

GODET, J.-D. (1999): Bäume und Sträucher. 18. Auflage, Braunschweig, 216 S.

GRABHERR, G. (1997): Farbatlas Ökosysteme der Erde. Stuttgart, 364 S.

HAGBERG, K. (1956): Carl Linnaeus – Ein großes Leben aus dem Barock. Hamburg, 287 S.

HÄRDTLE, W., WALD, J. & N. HÖLZEL (2004): Wälder des Tieflandes und der Mittelgebirge. Stuttgart, 252 S.

HAEUPLER, H. & T. MUER (2000): Bildatlas der Farn- und Blütenpflanzen Deutschlands. Stuttgart, 759 S.

HEß, D. (1983): Die Blüte. Stuttgart, 458 S.

HOFMEISTER, H. & E. GARVE (1998): Lebensraum Acker. 2. Auflage, Berlin, 322 S.

KNAPP, S. (2004): Das Blütenmuseum. München, 336 S.

KOWARIK, I. (2003): Biologische Invasionen: Neophyten und Neozoen in Mitteleuropa. Stuttgart, 380 S.

KÜSTER, H. (1999): Geschichte der Landschaft in Mitteleuropa. München, 421 S.

LACK, H. W. (2001): Meisterwerke der botanischen Illustration. Köln, 576 S.

LANDWIRTSCHAFTSKAMMER NORDRHEIN-WESTFALEN (2004): Zahlen zur Landwirtschaft in NRW 2004. Münster

LÖBF/LAFAO NRW (2000): Landeswaldinventur Nordrhein-Westfalen, Höhere Forstbehörde Westfalen-Lippe. Stand 15.12.1999, Düsseldorf

LÜDER, R. (2007): Grundkurs Pilzbestimmung. Wiebelsheim, 470 S.

LÜTTGE, U., KLUGE, M. & G. BAUER (1994): Botanik. 2. Auflage, Weinheim, 600 S.

MÜLLER-EBELING, C., RÄTSCH, C. & W.-D. STORL (2005): Hexenmedizin. Aarau, 5. Auflage, 272 S.

MÜLLER-KASPER, U. (2005): Die Welt der Symbole. Wien, 320 S.

PACHENSKY, G. VON & A. DÜNNEBIER (1994): Kulturgeschichte des Essens und Trinkens. München, 576 S.

PAHLOW, M. (2006): Das große Buch der Heilpflanzen. Augsburg, 536 S.

PAVORD, A. (2003): Die Tulpe: Eine Kulturgeschichte. Frankfurt, 285 S.

PINTSCHER, P. (Hrsg.) (2003): Schokolade: Geschichte(n) – Geschäft – Genuss. Düsseldorf, 95 S.

POTT, R. (1995): Die Pflanzengesellschaften Deutschlands. 2. Auflage, Stuttgart, 622 S.

RAABE, U. (1996): Die Anfänge der floristischen Erforschung Westfalen. In: Blüten und Blätter, R. Feldmann (Hrsg.), Schriften der Universitäts- und Landesbibliothek, Bd. 13: S. 33 – 60, Münster

RAVEN, P., EVERT, R. E. & S. E. EICHHORN (2006): Biologie der Pflanzen. 4. Auflage, Berlin, 942 S.

REINBOTHE, H. & C. WASTERNACK (1986): Mensch und Pflanze – Kulturgeschichte und Wechselbeziehung. Heidelberg, 312 S.

RUNGE, F. (1967): Geschichte der botanischen Erforschung Westfalen. Abh. Landesm. Naturkunde, 29: S. 27 – 43

RUNGE, F. (1989): Die Flora Westfalens. 3. Auflage, Münster, 589 S.

SCHECK, F. R. (2007): Die Weihrauchstraße. Köln, 352 S.

SCHERF, G. (2004): Pflanzengeheimnisse aus alter Zeit – Überliefertes Wissen aus Kloster-, Burg- und Bauerngärten. München, 223 S.

SCHÖLLER, H. (1997): Flechten. Kleine Senckenberg-Reihe, Nr. 27, Frankfurt, 247 S.

SCHUBERT R. & G. WAGNER (1993): Botanisches Wörterbuch: Pflanzennamen und botanische Fachwörter. 11. Auflage, Stuttgart, 645 S.

SCHULTE, A. (Hrsg.) (2003): Wald in Nordrhein-Westfalen. Band 1 & 2, Münster, 1082 S.

SCHUSTER, W. H. (1992): Ölpflanzen in Europa. Frankfurt, 240 S.

SCHWEDE, A. O. (1980): Carl von Linné – Der Blumenkönig des Nordens. Berlin, 434 S.

SCURLA, H. (1976): Reisen in Nippon: Berichte deutscher Forscher des 17. und 19. Jahrhunderts aus Japan. Berlin, 570 S.

SITTE, P., ZIEGLER, H., EHRENDORFER, F. & A. BRESINSKY (1998): Strassburger – Lehrbuch der Botanik. 34. Auflage, Stuttgart, 1007 S.

SPRUNGER, S. & M. WIELER (1992): Trockenmaterialien für die Floristik. Stuttgart, 220 S.

STEINECKE, H. (1999): Holz – der Körper der Bäume. In: Xylem und Phloem, Natur- und Kulturgeschichte des Holzes. Sonderheft 33, Palmengarten (Hrsg.), Frankfurt, S. 7-20

SWAHN, J.-Ö. (1991): Gewürzkunde: Über Ursprung, Geschichte und Verwendung von Gewürzen in aller Welt. Göteborg, 208 S.

WALTER, H. (1990): Vegetation und Klimazonen. 7. Auflage, Stuttgart, 382 S.

WIRTH, V. (1980): Flechtenflora. Stuttgart, 552 S.

WIRTH, V. & R. DÜLL (2000): Farbatlas Flechten und Moose. Stuttgart, 320 S.

ZOHARY, M. (1983): Pflanzen der Bibel. Stuttgart, 224 S.

Bildnachweis & Leihgeber

Bildnachweis
Lars Baus, Münster – Seite: 115, 117
Detlev Behrens, Münster – Seite: 23
Blickwinkel – Seite: 137 (A. Held), 145 (R. König), Titel (m) (M. Hicken)
Franz Boczki, Essen – Seite: 57
Botanischer Garten Bonn – Seite: 149
Katharina Crazius, Münster – Seite: 11, 13, 23, 27, 33, 35, 39, 41, 43, 53, 63
Klaus Crazius, Hess. Oldendorf – Seite: 65
Karsten Dobrzewski, Münster – Seite: 17, 67
Forum Die grüne Stadt (www.die-gruene-stadt.de) – Seite: 3
Joseph Jastrow – Seite: 135
Manfred Koch, Satrup – Seite: 55
Johannes Lieder, Ludwigsburg – Seite: 31
Bildarchiv des LWL-Museums für Naturkunde, Münster – Seite: 69
Österreichische Nationalbibliothek, Wien – Seite: 74, 75
Teekanne, Düsseldorf – Seite: 111
Gerda Thomas (LWL-MfN), Münster – Seite: 9, 19, 21, 25, 45, 47, 49, 61, 73, 87, 90, 91, 92, 95, 97, 101, 103, 109, 113, 119, 123, 125, 129, 141, 147
Dr. Bernd Tenbergen, Münster – Seite: 7, 79, 80, 81, 83, 85, 93, 99, 105, 127, 131, 133, 139, 143
Universitäts- und Landesbibliothek Münster – Seite: 89
Universitätsbibliothek Tübingen – Seite: 71, 76, 77
Gerda Windau, Münster – Seite: 107
Zentralverband des Gartenbaus e.V. – Seite: 121

Grafikerstellung
Imke Hoinka-Nölting, Dülmen – Seite: 37, 51, 59
Friederike Wentrup, Münster – Seite: 15
Mariana Ruiz Villarreal, Hamburg – Seite: 29

Leihgeber
Arzneipflanzengarten der Westfälischen Wilhelms-Universität (WWU), Münster: Dr. Rolf Engelshowe
Stephan Bäcker, Münster
Lars Baus, Münster
Beste-Castelli, Münster
Biozentrum Klein Flottbeck, Hamburg: Dr. Petra Schwarz
Botanischer Garten der WWU, Münster: Herbert Voigt und Manfred Voss
Botanisches Museum, Berlin
Botanisches Institut der WWU, Münster: Dr. Volker Hild
Bruno Nebelung GmbH/Kiepenkerl, Everswinkel: Michael Joachimsmeier
Wiebke und Klaus Crazius, Hessisch Oldendorf
Deutsches Gartenbaumuseum, Erfurt
Duft-Museum, Farina-Haus, Köln
ESA, Darmstadt
Geologisch-Paläontologischen Institut der WWU, Münster: Prof. Dr. Hans Kerp
Prof. Dr. Rolf Denk, Rüsselsheim
Prof. Reinhard Grell, Fachhochschule Lippe und Höxter
Wilderich Freiherr von Haxthausen, Lichtenau
Hexenarchiv im Völkerkundemuseum Hamburg
Hirsch-Apotheke, Spenge
Stefan Hölzenbein, Bestimmen online, Münster
Institut für Pharmazeutische Biologie & Phytochemie der WWU, Münster
Erika Jansen, Essen-Kettwig
Jürgen Kinter, Ammersbek
Heinrich Kuhbier, Bremen
Kultur- und Stadthistorisches Museum Duisburg: Ralf H. Althoff
Landesbetrieb Wald und Forst NRW, Forstamt Münster
Medizin- und Apothekenhistorisches Museum Rhede: Jürgen Runte
Museum der Arbeit, Hamburg: Dr. Jürgen Ellermeyer
Museum für Kaffeetechnik und Probat Werke GmbH, Emmerich
Niedersächsisches Forstamt Oldendorf, Hess. Oldendorf: Heiko Brede
Dr. Klaus Offenberg, Hörstel
Orchideen Lohmann, Münster
Palmengarten der Stadt Frankfurt am Main, Frankfurt
Rosenmuseum Steinfurth, Bad Nauheim: Sabine Kübler
Sammlung Köhler-Osbahr, Duisburg
Manfred Schlösser, Münster
Schlüter-Biologie, Winnenden
Schmöllner Knopffabrik, Jürgen Zwerenz
Luise Schulze Schwicking, Altenberge
Bärbel Stackmann, Spenge
August Schuster GmbH, Bünde
Stadtmuseum, Münster
Herbert und Guido Stengel, Geigenbau, Münster
Stoffkontor Kranz, Lüchow
Stuhlfabrik Schnieder, Lüdinghausen
Tabakmuseum Bünde
Teekanne GmbH & Co. KG, Düsseldorf
Prof. Dr. Dietbert Thannheiser, Hamburg
Übersee-Museum Bremen: Monika Steinhoff, Dr. René-Peter Becker
Umweltamt der Stadt Münster
Universitäts- und Landesbibliothek der WWU, Münster
Universitätsbibliothek Tübingen, Dr. Gerd Brinkhus
Westdeutscher Rundfunk (WDR), Köln
Wittgenstein-Berleburgsche Rentkammer, Bad Berleburg: Johannes Röhl
Anne Wormland, Münster
Wübken Spezial-Fertigfutter, Billerbeck: Erich Lefert
Andre Zieschank, Velbert